edition suhrkamp

Redaktion: Günther Busch

Unter den großen und einflußreichen Regisseuren der Periode 1920 bis 1966 war Erwin Piscator der Erneuerer des politischen Theaters. Seine Inszenierungen ebenso wie seine Vorstellungen von Spielweise, Bühnentechnik, Wirkungsmöglichkeiten dramaturgischer und schauspielerischer Arbeit haben in den zwanziger Jahren und seitdem wiederholt zu heftigen Kontroversen geführt. Die programmatischen Positionen, an denen sich diese Kontroversen entzündet haben, sind unverändert bedenkenswert – sie haben Theatergeschichte gemacht, die sie bestimmenden Ideen und Interessen wirken in mehr oder weniger vermittelter Weise in der Gegenwart fort, lassen sich in neueren Regiekonzepten wiederfinden. Diese Kontinuität und Aktualität Piscatorscher Gedanken und Arbeitsmethoden scheint uns die Veröffentlichung seiner wichtigsten Schriften und Reden hinreichend zu begründen. In ihnen hat der Theatertheoretiker ebenso wie der Theaterpolitiker Piscator das Wort.

Erwin Piscator
Theater der Auseinandersetzung
Ausgewählte Schriften und Reden

Suhrkamp Verlag

edition suhrkamp 883
Erste Auflage 1977
 Veröffentlichung der Deutschen Akademie der Künste zu Berlin, herausgegeben von Ludwig Hoffmann. Lizenzausgabe mit Genehmigung des Henschelverlags Kunst und Gesellschaft, Berlin – DDR. Die Zusammenstellung erfolgte für die *edition suhrkamp*. Printed in Germany.

Satz, in Linotype Garamond, Druck und Bindung bei Georg Wagner, Nördlingen. Gesamtausstattung Willy Fleckhaus.

Inhalt

Piscator über die Regie 7
Was ich will 10
Das politische Theater 12
Bühne der Gegenwart und Zukunft 16
Das Theater von morgen 22
Rechenschaft 1 23
Rechenschaft 2 31
Das ABC des Theaters 36
Das Zeittheater in der Krise 47
Theater und Kino 51
Das Theater der Zukunft 56
Objektive Spielweise 62
»Technik«: Anklage und Freispruch 72
Gespräch mit Erwin Piscator 77
Gedanken zu einer Erneuerung der Bühnenkunst durch das Licht 82
Erwin Piscator über Theater 84
Die Dramatisierung von Romanen 92
Meine ›Räuber‹-Inszenierung zur Eröffnung des neuen Mannheimer Nationaltheaters 103
Technik – eine künstlerische Notwendigkeit des modernen Theaters 110
Für Überzeugungen sterben? 131
Totaltheater und totales Theater 134
Die Bühne als moralische Anstalt in der Prägung dieses Jahrhunderts 138

Anhang 143
Quellen und Anmerkungen 145
Inszenierungsverzeichnis 149

Piscator über die Regie

Erwin Piscator, der Regisseur der Berliner Volksbühne, ist sicherlich unter den jüngeren Begabungen die am meisten beachtete. Seine moderne Art der Inszenierung hat in den Massen des Volkes ebenso wie bei den bühnenkritischen Geistern und der literarischen Öffentlichkeit stärksten Widerhall gefunden. Die Ehrlichkeit und Konsequenz seiner künstlerischen Arbeit, die sich hier völlig mit Welt- und Zeitanschauungen des Menschen deckt, zwingt in seinen Bann. Piscators künstlerisches Niveau wird sich erneut bei der ihm übertragenen Inszenierung von Paquets *Sturmflut* zu erweisen haben. Die Antworten, die er uns auf einige Fragen über seine Regieauffassung gab, stellen natürlich nur einen Auszug aus dem Ideengehalt dieses talentvollen Neuerers dar.

Wir fragten nach dem Verhältnis zwischen Regie und Dramatiker. »Ich gehe zunächst von der naiven Intuition aus«, erwiderte Piscator, »ich schäle den Handlungsfaktor heraus, demonstriere den ›Fall‹ und komme so auf die logische und meiner Meinung nach selbstverständliche formale Übertragung. Setze somit die Stufen der Himmelsleiter auf dem Erdboden an, zum unbekümmerten Auf- und Abstieg des Publikums und meiner Mitarbeiter, und beginne nicht auf der 33. Stufe. Aus diesem Versuch, unmittelbar aus Schauspielerischem, Theaterszenischem, stofflichen Möglichkeiten die Vision für die Aufführung zu erhalten, ergibt sich eine Vorliebe für die *Zusammenarbeit* des Regisseurs mit dem von der Zeit und ihren Erkenntnissen ergriffenen Dichter als eine Resultateinheit literarischen und bühnendramatischen Schaffens. Die Bühnenelemente gehen auf diese Weise gleich und organisch in die Dichtung ein, statt nachträglich und gewaltsam nach der bisherigen Methode dem vollendeten Drama hinzugefügt zu werden. Die Bühne muß immer ihr eigenes Gesetz wollen. Es kommt nur darauf an, die Bühne, wie es in anderer Atmosphäre der Film tut, mit dramatischem Leben zu erfüllen und alles Geschraubte, Unerlebte, nur Ästhetisierende verschwinden zu lassen. Es gibt für mich nur eine ablaufende Handlung, die durch keinen Vorhang unterbrochen werden darf. Es gibt nur Verbindendes, ein ständiges Ineinandergreifen von Szene zu

Szene, durch wechselvollste Benutzung des Bühnenapparates, durch die aus szenischer und gedanklicher Situation entstehenden Geräusche, durch motorische und vorwärtstreibende Musik, durch Betonung der atmosphärischen Umwelt. Bis zum jeweiligen Höhepunkt darf die Spannung des Publikums nicht ausgeschaltet werden. Weder bei *Fahnen* von Paquet noch bei Leonhards *Segel am Horizont*, noch bei Schillers *Räubern* habe ich eine solche Unterbrechung eintreten lassen.«

»Und wie denken Sie über die *heutige Bühne?*«

»Ihre konservative Art gibt in alter Schablone bloße Theaterspiele. Werke der Dichter, die für diese Bühne schreiben, sind eigentlich nichts als eine Personalangelegenheit. Die Klassiker werden heute mit Buntheit vergrellt, statt durch eine sachliche moderne Regie Unmittelbarkeit zu erhalten. Der ernste Regisseur muß allein der Dichtung dienen wollen. Das Theater von morgen, wie es aus der modernen russischen Bühnenkunst hervorleuchtet, macht die Probleme des Tages entweder nichtig oder führt sie ins Unerhörte der Begeisterung. Das revolutionäre Volk ist das Relief dieser Bühne. Wie sich in der Antike das Drama der Arena anpaßte, wie sich das spätere Drama der Guckkastenbühne anpaßte, so muß heute aus dem neuen technischen Apparat ein enger Kontakt geschaffen werden zwischen Dichter und Bühne, der sowohl im satirischen wie pathetischen Drama aktueller und den Gesetzen unseres neuzeitlichen Denkens analoger gehalten werden muß. Das Theater muß wieder für alle Bevölkerungskreise interessant werden.«

»Wie ist die Verwendung des *Films* innerhalb der Regie?«

»Ich hatte bereits bei meiner Inszenierung von Paquets *Fahnen* die Absicht, den Film heranzuziehen, was damals aus äußeren Gründen scheiterte. Ich mußte mich mit künstlerisch nicht vollendeten, dem Aufführungsstil formal nicht angepaßten Projektionen behelfen. Damals hätten große bauliche Veränderungen vorgenommen werden müssen, während wir heute unbrennbare Filme haben, die auch ohne polizeiliche Beanstandung arbeiten können. Allerdings konnte ich schon einmal in der Volksrevue *Trotz alledem* im Großen Schauspielhaus beweisen, daß die Verbindung von Filmen mit dem gesprochenen Wort auch im dramatischen Theater einen außerordentlichen Wert haben könne. In der *Sturmflut* werde ich in der Mitte der Bühne eine Leinwand aufstellen, auf der der Film abrollt und die außerdem durch

6 bis 10 *Projektionsapparate* das Milieu und einen darüber hinausgehenden weitgespannten Weltrahmen für die betreffende Spielszene schafft. Sie stellt in ihrer dauernden Verwandlung eine lebende Wand, die vierte Dimension des Theaters dar. Das Lichtbild ist also Handlungsleiter und Bewegungsmoment und lebende Kulisse. Detaillierte Angaben zu machen, halte ich für schädlich, weil das *Überraschungsmoment* der Aufführung dadurch wegfällt, weil dem Publikum die Spannung: ›Was wird geschehen, wenn der Vorhang hochgeht?‹ genommen wird. Durch Erörterungen in der Presse, wie sie während der Proben von Schillers *Räubern* im Staatstheater stattfanden, ist viel verdorben worden. Durch Vorurteile und Abtasten kann das *durch sich selbst Überzeugende* einer Aufführung leicht verlorengehen.«

1926

Was ich will

Die Phantasie der Menschen ist nicht stark genug, um aus Andeutungen Anschauungen zu gewinnen, und ihre aufnehmende Kraft bleibt unberechenbar, wenn 2000 Menschen im Theater versammelt sind. Wären diese Theaterbesucher sensitive Menschen, die am Leben leiden und es darum verändern wollen, so würden sie nicht nur das Leben, sondern auch die Kunst ständig umformen und bereichern. – Die also festgestellte Notwendigkeit der *größten Anschaulichkeit* erledigt die schwarzen Vorhänge mit den einsamen Säulen davor; sie sprengt den begrenzten Raum der Guckkastenbühne und eröffnet ihn zum vierdimensionalen Theater mit der *lebenden* Kulisse. Die lebende Kulisse ist der Film.

Seine Verwendung regelt von selbst den motorischen Ablauf der Vorstellung; die Zwischenakte mit ihren illusionsraubenden Verdunkelungen der Bühne verschwinden. Der Film gibt konkrete Naturaufnahmen und die Möglichkeit der begleitenden, überleitenden *und* konträren Handlung, die blitzhaft einen Zustand zeigt, der dem Geschehen auf der Bühne zuwiderzulaufen scheint, um erst im nächsten oder übernächsten Augenblick in die Bühnenhandlung einzumünden. Die Begriffe Zeit und Raum sind im Film aufgehoben; analog dem Bühnenvorgang erstehen aus Vergangenheit, Gegenwart und Zukunft die kulturellen, wirtschaftlichen, politischen Hintergründe und Entwicklungen; sie werden in jedem Umfang lebendig und beispielhaft dokumentiert.

Neben den Film tritt als halbstarre Kulisse *die Projektion,* die Philologie unter den optischen Mitteln der modernen Bühne. Sie vermittelt Anschauung durch die Reproduktion aller erreichbaren und geeigneten Einzelheiten. Auf dem Horizont, der Filmleinwand und den besonderen Flächen schafft sie erklärende und vertiefende Zusammenhänge, untermalt das Bühnengeschehen kausal und peripherisch und gipfelt in umfassenden Allegorien und Symbolen, ohne der natürlichen Ehrlichkeit des Filmes zu widersprechen.

Die Bühne selbst hat sich der Forderung nach größter Anschaulichkeit unterwerfen müssen. Sie wurde beweglich als Ganzes und muß beweglich werden in allen kleinsten Teilen. Die schwerfällige Maschinerie muß dem minuziösen Willen des Regisseurs untertan werden, eine einzige große Spielfläche, das gewaltigste Requisit. Die Beleuchtung verliert alle Abhängigkeit vom Raum, gewinnt Leben und wandelt. Vielfach gestuft und im natürlichen Gegensatz wurzelnd, erzwingt sie sich durch Vereinzelungen und nachfolgender unbegrenzter Ausdehnung eine wichtige Stellung in der Komposition der Szene.

Diese technischen Elemente der modernen Bühne ermöglichen die Aufführung des zukünftigen epischen Dramas, das mit allen seinen Beziehungen und Zusammenhängen die *universelle Bühnenkunst* schaffen wird. Die Bretter, die die Welt bedeuten sollen, müssen sie *ganz* bedeuten.

1927

Das politische Theater

Mit auffallender Hartnäckigkeit kämpft die politische Reaktion um die Heiligkeit respektive Neutralität der deutschen Kunst. Einem besonders geistreichen Vertreter dieses Gewerbes erscheint eine »politische Kunst genauso unsinnig wie eine politische Kniewelle«. In Wirklichkeit gibt es heute kein Gebiet menschlicher Betätigung, das von der Politik unberührt geblieben wäre. Die soziale Spannung, unter der die Welt seit einigen Jahrzehnten steht, erlaubt selbst den Toten nicht, neutral zu sein. Sport, Wissenschaft, Technik, Kunst, von der Religion ganz zu schweigen, sind zu politischen Faktoren geworden. Leugnen wird diesen Zustand nur, wer unter dem Deckmantel des Unpolitischen politische Geschäfte, und zwar unsaubere, zu machen sucht. In der Tat ist jenem Verfechter der »reinen Kunst« nur der Gedanke unsympathisch, eine Kniewelle könne anderen Zwecken dienen als der »Ertüchtigung« der deutschen Jugend zum nächsten Krieg, und genauso unsympathisch ist es ihm, daß *Wilhelm Tell,* um irgendein Beispiel zu nehmen, eines Tages von der Bühne herab eine Bedeutung bekommen könnte, die nicht auf der Linie der Revision des Versailler Friedensvertrages liegt. Nein, der Politik hat sich das Theater als geistiges Institut so wenig entziehen können wie die Kunst überhaupt. Das ist ein Prozeß, der sich völlig unabhängig vom Wollen oder Nichtwollen der einzelnen vollzieht, weil er in der Politisierung der Verhältnisse, in der Politisierung aller menschlichen Beziehungen begründet ist. Der Theaterleiter hat es nicht mehr in der Hand, die gesellschaftlichen Auswirkungen seines Unternehmens zu bestimmen. Es ist fast tragisch, die verzweifelten Anstrengungen derjenigen zu beobachten, die immer noch glauben, der reinen Kunst zu dienen, während sie in Wirklichkeit schon längst die politischen Geschäfte bestimmter Parteigruppierungen besorgen.

Das Theater ist zur politischen Anstalt geworden.

Die Feststellung dieser Tatsache ist deshalb von Wichtigkeit, weil sich an ihr beweist, daß der Weg, den unser Theater eingeschlagen hat, nicht willkürlich gewählt ist oder, wie manche behaupten, »in eine Sackgasse führt«, sondern daß er, dem Theater als gesellschaftlicher Institution von der Entwicklung diktiert, der einzig mögliche und daher der richtige ist. Der Unterschied zwischen den meisten Theatern und uns liegt schließlich nur in der Tatsache, daß sie gegen ihren Willen auf diesen Weg getrieben werden, während wir ihn bewußt gehen, mit dem Blick auf ein klares politisches Ziel.

In diesem Unterschied, der an sich nur funktionell erscheint, liegt auch zugleich der politische. Das Kennzeichen aller kleinbürgerlichen, in ihrer Wirkung reaktionären Elemente besteht darin, sich der historischen Entwicklung so lange entgegenzustemmen, bis sie von ihr überrannt werden. Es ist das Wesen und die Stärke der revolutionären Bewegung, auf der Linie der historischen Entwicklung und damit des wahren menschlichen Fortschritts zu kämpfen. Während auf die meisten Theater die Politik von der Peripherie her eindringt, ist bei uns die Politik das schöpferische Zentrum unserer Arbeit.

Wir sind Sozialisten, d. h., wir sehen in der Vergesellschaftung der Produktionsmittel und in der Erreichung einer klassenlosen Gesellschaft die innerlichen Voraussetzungen für die ungehemmte Entfaltung aller menschlichen Kräfte. Für uns ist das Buch, die Zeitung, der Film und auch das Theater ein Mittel, die Welt von heute zu kritisieren und die von morgen vorzubereiten. Der Vorwurf, die Dinge einseitig darzustellen, trifft uns nicht. Wir kennen im Grunde nur eine Tendenz: nämlich *die Wahrheit zu sagen,* jede andere Tendenz erübrigt sich. Deshalb ist es eine Verkennung, die Leistungen unseres Theaters rein nach künstlerischen Gesichtspunkten beurteilen zu wollen. Sowenig wir »Kunst« machen wollen, so wenig geht unser Bestreben auf die Bildung eines »Stils«. Bewußt distanzieren wir uns von dem traditionellen Begriff der Kunst, suchen lediglich den stärksten Ausdruck und die intensivste Wirkung für unsere Sache.

Mag sein, daß wir damit der »Kunst« weiterhelfen, daß sich daraus ein »Stil« entwickelt. Im Augenblick interessiert uns das so wenig, wie es den Boxer beim Landen eines Kinnhakens interessiert, ob er dabei eine ästhetisch befriedigende Haltung einnimmt.

Zu Beginn jeder neuen Epoche erhebt sich eine Unzahl von geistigen und technischen Problemen. Gerade im Theater stehen wir überall am Anfang. Fast alles, was wir in den ersten Jahren machen, wird experimentellen Charakter tragen. Eine Welt von

Vorstellungen, Möglichkeiten und Mitteln dringt mit jedem Tag auf uns ein.

Die Form unseres Kampfes läßt sich bei aller Eindeutigkeit nicht von einem Dogma begrenzen. Wir kennen das Ziel, und wir kennen uns selber. Und wir haben keine Furcht vor Umwegen, zu denen uns Menschen und Verhältnisse zwingen können.

Noch ein Wort zum Schauspieler und zur Literatur. Ein Theater, das mit solchen Ansprüchen an sich selber auftritt, kann dem Schauspieler gegenüber in der Sache nicht nachgiebig sein. Wir können in unseren Stücken keine Gelegenheiten für den Schauspieler sehen, persönliche Ambitionen durchzusetzen. Wir müssen von ihm verlangen, daß er sich als Träger unserer Sache und nicht als Träger einer Rolle fühlt. Das erfordert von ihm einen Überblick, ein Durchdrungensein von der Bedeutung des Ganzen und damit eine Einsicht, die seiner Aufgabe schließlich eine viel tiefere Wichtigkeit verleiht, als er sie aus der Pflege seiner individuell aufgefaßten Rolle je gewinnen kann. Der Schauspieler vor allem muß an unserem Theater sich zu jenem Typus des kollektiven Menschen entwickeln, der seine ganze Kraft aus der Verbundenheit mit der allen gemeinsamen Sache schöpft. Aus dieser Grundeinstellung wird sich mit der Zeit eine neue Form der Darstellung ergeben, die den Schauspieler aus einem Verkörperer von Individualitäten wieder zum Träger weltgeschichtlicher Ideen macht. Nicht um die Subjektivierung des Weltbildes geht es uns, sondern um die Sachlichkeit, die aus dem Stoff entsteht.

Die Literatur, die unser Theater braucht, um seine Aufgabe zu erfüllen, hat gerade erst angefangen sich zu entwickeln. Ihre Unreife liegt vielfach in den sozialen Bedingungen, aus denen sie erwächst. Vieles wird hier durch gemeinschaftliche Arbeit mit dem Theater zu schaffen sein. Und wahrscheinlich wird gerade die Notwendigkeit, aus den Gegebenheiten des Betriebes heraus zu arbeiten, zu ganz neuen dramatischen Resultaten führen. Andererseits fehlt es den meisten Autoren, die uns in ihrer Gesinnung nahe stehen, an jener Schulung, die ihnen allein ermöglichen würde, auf die sozialen und ökonomischen Wurzeln jedes Geschehnisses durchzustoßen, wirklich »radikal« zu sein. Die Mehrzahl aller Stücke spielt immer noch im luftleeren Raum, darüber täuschen weder »Dokumente« noch »Grundprobleme«

hinweg. Unser Theater bemüht sich, den fehlenden Sinn für die tatsächlichen Vorgänge der heutigen Welt auszugleichen, wodurch naturgemäß jedes Stück eine Umarbeitung erfährt. Bis zum Tage der Aufführung gibt es bei uns kein »fertiges Stück«. Der Autor ist für unser Theater ein Mitarbeiter wie jeder andere, dem wir lediglich das Recht der höheren Arbeitsleistung zuerkennen. Geistiges Privateigentum geht beim Eintritt in unser Haus in den Besitz der Gesamtheit über.

Die Massen haben die Wichtigkeit unseres Theaters erkannt. Sie wissen, daß hier ein Teil der Front ist, an der um ihr Schicksal gekämpft wird. Diejenigen, die immer noch in uns »die letzte Sensation« sehen, werden sehr bald eines Besseren belehrt werden.

1927

Bühne der Gegenwart und Zukunft

Rechtfertigung des Themas

Wäre das Theater wirklich nur eine *Schau*bühne und seine Aufgabe mit der Befriedigung des menschlichen Triebes nach Zerstreuung, Sensation oder Belehrung erschöpft, es könnten heute schon jene ihren Triumph auskosten, die seit Jahren den bevorstehenden Tod des Theaters verkünden, seinen Untergang durch Film, Revue und Radio. Die innere Bereitschaft, sich dem Erlebnis »Theater« hinzugeben, bedarf heute, da eine Eintrittskarte für die überwiegende Mehrheit des Volkes einen wesentlichen Posten im Haushaltsbudget ausmacht, stärkeren Antriebs als tönender Tischreden von der »Kulturmission der Bühne als moralische Anstalt«. Aber auch der Allmacht der Gewohnheit zieht eine Zeit, die täglich von neuem ihr nicht gemäße Institutionen, Zustände und Formen des gesellschaftlichen Lebens sprengt, engere Grenzen als irgendeine der vorangegangenen Epochen. Diese Gegenwart, Sproß einer in Blut und Dreck erstickten Vergangenheit, Zeuge des gewaltigen Bankrotts so vieler, scheinbar für die Ewigkeit aufgestellter Dogmen, kann nur eine Verpflichtung anerkennen: wahr zu sein gegen sich selbst, jederzeit bereit, im Röntgenlicht der materialistischen Geschichtsauffassung die schwere Prüfung als Wegbereiter einer besseren Zukunft zu bestehen. Daß sich das Theater gegen diese Zeit zu behaupten vermag, ist der beste Beweis dafür, daß es mit unzerreißbaren Ketten an sie geschmiedet ist. Diese Tatsache rechtfertigt nicht nur die Behandlung dieses Themas vor dem breiten Forum der im schwersten Existenzkampf stehenden Arbeiterschaft, sondern erfordert auch deren größte Aufmerksamkeit.

Das »unpolitische« Theater

Die innere Beziehung zur Zeit, erste Voraussetzung und letztes Ziel des Theaters, bedingt einen ständigen Prozeß der Wandlung seines materiellen und ideologischen Inhalts. So war das Theater nicht nur stets Ausdruck seiner Zeit, sondern in entscheidenden Situationen auch ihr Motor und Former. Aber die Zeit selbst war ja nie ein metaphysisches, nicht meßbares, schicksalbestimmtes Gebilde, *sondern ein Produkt der Klassenkämpfe* innerhalb der jeweiligen Gesellschaft. Das feudale Theater des Hofes, das bürgerliche Theater des liberalen Individualismus – waren sie unpolitisch? Oder vielleicht gar das Theater der Griechen, das für die Massen eine Stätte des Götterkults und der Heldenverehrung war, ebenso »unpolitisch« wie die Festspiele zu Ehren katholischer Heiliger und von Gott auserwählter Monarchen? Tendenzlos war das Theater nie, aber es gibt Epochen, in denen es die Interessen der herrschenden Klassen verlangen, daß die Tendenz mehr oder minder kaschiert werde, andere Epochen, in denen die herrschende Klasse innerlich so zerfallen, ihrer selbst so unsicher ist, daß sie in die »Tendenzlosigkeit« eines stumpfen Amüsements flüchtet. Das unpolitische Theater ist die sehr politische Forderung einer Zeit, welche alle Machtpositionen dem so gefährlichen Bereich der großen sozialen Auseinandersetzungen entrücken will.

Das politische Theater

Ganz bewußt Spiegel der Zeit und der sie gestaltenden Kräfte zu sein – das ist die Tendenz des politischen Theaters. Es kann im Zeitalter des 20. Jahrhunderts, des sozialen Ringens, der russischen Revolution und des Befreiungskampfes der europäischen, asiatischen und afrikanischen Arbeiter, Bauern und Heloten nur ein proletarisches sein. Das politisch-proletarische Theater bestätigt einfach die Tatsache, daß es heute ein »Volks«-Theater oder eine »Volks«-Bühne ebensowenig geben kann wie eine »Volks«-Gemeinschaft vom Industriebaron bis zum Kumpel, daß das wahre Volkstheater nur als ein Theater des klassenbewußten Teiles des Volkes, des Proletariats, existenzberechtigt ist. Verwirft die Berliner Volksbühne diesen Grundsatz, so gibt sie ihr Eigenleben auf und rückt, die »unpolitische« Fahne der »reinen« Kunst schwingend, in die Front der anderen bourgeoisen Unterhaltungsbetriebe ein. Die Zusammensetzung des Publikums bestimmt die soziale Struktur einer Bühne nur dann, wenn sie durch die geistige Führung ihr Gepräge erhält, nicht aber durch die Organisation des Kartenvertriebes.

Tendenz und Idee

Die reine Kunst, der das Theater angeblich ausschließlich zu dienen berufen ist, soll das Recht haben, Ideen zu gestalten, keineswegs aber eine Tendenz zu propagieren. Ganz abgesehen von der Frage, wo heute eine solche absolute Dichtung zu finden ist – gewiß doch nicht auf den Theatern Europas, die ihren Bedarf an reiner Kunst mit den Pariser und Londoner Ehebruchskomödien und Kriminalsketches decken – abgesehen von der Frage, woher diese reine Dichtung das Recht ableiten kann, für wichtiger genommen zu werden als die Lebensmöglichkeiten und die brennenden Existenzfragen von Millionen Menschen, kann man die Bitte aussprechen, jene wahrhaft große Bühnendichtung zu nennen, die tendenzlos ist. Ein Drama ist eben kein lyrisches Gedicht, es bezieht seine Wirkung und Bedeutung nicht aus den bloßen Projektionen von Gefühlen, Stimmungen, Meinungen, sondern aus der Gestaltung des Kampfes von Ideenträgern, dessen Ausgang die Tendenz des Dramas bildet. Die Phrase von der »Kunst um der Kunst willen« entwürdigt das Drama zu einer formal-artistischen Spielerei. Der Stoff, die geistigen und menschlichen Inhalte des Dramas sind wesentliche Voraussetzungen seiner Lebensnähe und damit seiner Existenz überhaupt. Nun ist es klar, daß die dichterische Bewältigung neuer Inhalte, ihre Umprägung in eine neue künstlerische Form, das Ergebnis eines mühevollen Prozesses ist, dem der schaffende Künstler als Glied der sozialen Gemeinschaft unterworfen ist. Dieser Prozeß setzt die innere Verarbeitung der neuen Probleme und Ideen durch den Dichter, gleichzeitig aber die Durchtränkung des gesamten sozialen Organismus mit ihnen, voraus. Das Fehlen einer großen, diese Zeit und Kräfte und Probleme voll ausdrückenden Dichtung ist kein Zufall, sondern die Folge der Kompliziertheit, Zerrissenheit, Unfertigkeit der Gegenwart. Wir können diese Tatsachen nicht ableugnen, ebensowenig aber aus ihnen die Verpflichtung ableiten, das Theater zu schließen und seine Pforten erst der kommenden großen Dichtung zu öffnen oder gar in die Vergangenheit zu flüchten, um lediglich den Dramen vergangener Epochen Tribüne zu sein, bloß deshalb, weil sie ihre Zeit und ihre Probleme reiner, dichterischer zu gestalten vermochten, als dies den Werken der zeitgenössischen Dramatiker im Hinblick auf die Gegenwart gelingt. Im Gegenteil: indem wir den

Problemen und Fragen unserer Zeit Sprachrohr und Forum sind, entfesseln wir die Ströme, die neue Lebensstoffe in den Organismus der Gesellschaft tragen, ihn mit neuen Inhalten befruchten, so die beste Vorarbeit für die neue Dichtung leistend.

Regie

Die soziale Basis einer Institution kann nicht erschwindelt, sie muß erobert und behauptet werden. Die Leere oder Rückständigkeit eines Bühnenwerkes durch Konzessionen in der äußeren Form, durch geistreiche Experimente verbergen zu wollen, muß heute schneller als je unmittelbar zu einem vernichtenden Fiasko führen. Wenn wir in Berlin so Theater spielen wollten, wie es in Moskau geschieht, so würde das bedeuten, die Äußerlichkeiten des russischen Theaters epigonenhaft zu übernehmen, ohne daß hier dessen soziale Basis gegeben ist. Wenn zwischen den Inszenierungen Meyerholds und meinen eigenen irgendwelche Ähnlichkeit bestehen – ich kann das nicht beurteilen, weil ich Meyerholds Arbeit nicht kenne –, so kann das nur die Folge davon sein, daß die Inhalte und die Weltanschauung der hier und dort gespielten Werke die gleichen sind, also auch eine ähnliche Übertragungs- und Ausdrucksform verlangen. Aber wie die deutsche Revolution keine russische, das Proletarische Theater Berlins nicht die Meyerhold-Bühne in Moskau sein kann, so kann auch der Regisseur nur aus seinem Erlebnis schöpfen und seine Inszenierung nur auf den Erlebnissen, Erfahrungen und Anschauungen der deutschen revolutionären Bewegung fußen. Damit erledigt sich auch die kindische Auffassung, als mache etwa die Verbindung von Bühne und Film oder eine gewisse Technik das Wesen des politischen Theaters aus. Nur wenn diese Mittel nicht um ihrer selbst willen, als interessanter Aufputz verwendet werden, sondern aus einer bestimmten weltanschaulichen Idee heraus, die zu ihrer Manifestierung der Verbreiterung und Vertiefung jedes Einzelschicksals ins Kollektive verlangt, durch die Einbeziehung der ganzen Umwelt die Sprengung der verengenden Guckkastenbühne erzwingt – nur dann vermögen diese Mittel den Absichten der Inszenierung gerecht zu werden. Alles andere bleibt artistischer Bluff, der sich schon dadurch erledigt, daß ihn jeder durch einfache Kopie zu diskreditieren vermag. Das gleiche gilt von der dramaturgischen Bearbeitung des Bühnenwerkes, des klassischen oder des modernen. Das bewegende Prinzip des Regisseurs kann nicht aus einem zufälligen Einfall gewonnen werden, sondern ist die Frucht einer Idee, als deren Vollstrecker sich der Regisseur fühlt, die ihm die Richtung seines Weges diktiert und die Gesichtspunkte aufzwingt unter denen er das Werk sieht, sehen *muß*.

Gefühl und Geist

In einem vor kurzem durch die deutsche Presse verbreiteten Artikel des »Potemkin«-Regisseurs S. M. Eisenstein hat dieser u. a. erklärt, die Aufgabe des »Potemkin«-Films habe er darin gesehen, die Massen zu elektrisieren, aufzurütteln. Wäre wirklich nur das die Aufgabe eines revolutionären Dramas, so ist diese Wirkung ebensogut zu erzielen durch die Gestaltung eines Boxkampfes, eines Wettrennens, einer beliebigen militärischen Parade. Das politisch-proletarische Theater gäbe sich selbst auf, wenn es nur an die primitiven Instinkte und Gefühle appellieren wollte. Gerade dieses Theater kann nur wirken, wenn es zu überzeugen, die geistigen Energien der Massen auszulösen und umzusetzen vermag.

Dieses Ziel wird es nicht mit der Psychologie Freuds oder Pawlows erreichen – wie Eisenstein meint –, sondern durch die Anwendung der Marxschen Philosophie. Wir wollen nicht bloß enthusiasmieren, wir wollen Klarheit und Erkenntnisse vermitteln: wir fangen daher immer wieder von vorne an, durch die Herausarbeitung der geschichtlichen Wahrheit, durch die Aufrollung aller Probleme in ihren großen Zusammenhängen und ihre Verfolgung bis zur letzten Konsequenz den Massen die Unentrinnbarkeit des von uns gezeichneten Schicksals und den einzigen Weg zu seiner Überwindung zu zeigen. Ich sehe den prinzipiellen Fehler des »Potemkin«-Films darin, daß Eisenstein sich damit begnügte, eine Revolte auf einem Schiff zu zeigen, statt diesen Vorfall in Beziehung zu allen Kräften der Revolution von 1905 zu setzen. In der Aufrollung der großen Zusammenhänge ist das Theater dem Film weit überlegen. Gerade die Verbindung von Bühne und Film, von epischer Schwarzweißkunst und der Dramatik des gesprochenen Wortes und des dreidimensionalen

Menschen, scheint mir das wesentlichste Mittel zur Erreichung dieses Zieles.

Das Publikum

Publikum war immer ein Kollektiv. Tausend Menschen, die ein Theater füllen, sind nicht mehr die einfache Summe von Individuen, sondern ein neues Wesen, mit besonderen Gefühlen, Impulsen, Nerven begabt. Aber es wäre verfehlt, der Illusion anzuhängen, daß dieses Publikum im heutigen Deutschland ein klassenmäßig klar geschichtetes, vom gleichen Willen und Bewußtsein gelenktes ist. Um die breiten Massen des Kleinbürgertums, des proletarisierten Mittelstandes mit den revolutionären Arbeitern in eine Erlebnissphäre zu bringen, ist es notwendig, sie *empfänglich* zu machen für die Energien, die von der Bühne ausgehen. Die Aufhebung der Grenze zwischen Bühne und Zuschauerraum, das Hineinreißen jedes einzelnen Zuschauers in die Handlung schweißt erst das Publikum ganz zur Masse, für die Kollektivismus nicht ein angelernter Begriff bleibt, sondern erlebte Wahrheit wird, wenn es ihre Nöte, ihre Sehnsüchte, ihre Hoffnungen, ihre Leiden und Freuden sind, denen die Bühne des politischen Theaters Sprachrohr, Ausdruck und Gestalter ist.

1928

Das Theater von morgen

So wünschenswert eine Befruchtung des Theaters erscheint, so wenig wichtig ist sie gegenüber einer »Befruchtung« des *realen Lebens* durch einige nüchterne Korrekturen: z. B. Aufhebung des § 218 und § 175, Abschaffung der Todesstrafe, Verminderung der Arbeitslosigkeit und so fort; ich greife da nur ein paar markante Punkte heraus. Untersucht man einen davon näher, also inklusive der lebenden Menschen, die dahinterstehen, so entdeckt man, daß sie durchaus nicht so nüchtern sind wie ihr Etikett, im Gegenteil, geladen mit einer Dramatik, voll von Problemen bis zum Bersten und durchaus nicht frei von dem, was man, je nach Lage, »menschlich-groß« oder »menschlich-klein« bezeichnen kann. Ich glaube, daß es sich hier um Stoffgebiete handelt, die das Theater eminent befruchten, aber nicht um des Theaters, sondern um der *Menschen* willen. Denn solche Stoffgebiete kann man sich nicht aussuchen, sie dringen durch ihre eigene Gewalt in die Gebiete kultureller Betätigung ein. Nicht das Theater zieht sie, sondern sie ziehen das Theater in ihren Kreis. Aus diesem Kontakt eine schöpferische Leistung entstehen zu lassen, ist und wird immer das Ziel meiner Arbeit sein.

Diese Stoffgebiete sprengen nicht nur die Form der Bühne, sondern auch die Form des Dramas. Sie graben sich wie Flüsse bei Hochwasser ihr eigenes neues Bett. Spätere Kunsthistoriker werden den »Stil« feststellen. Wir wollen uns mit der *Wirkung* begnügen.

1929

Rechenschaft I

Vortrag, gehalten am 25. März 1929 im ehemaligen Herrenhaus, Berlin (Gekürzte Fassung)

Wenn ich den heutigen Abend unter das Wort Rechenschaft stelle, so will ich zunächst mir selber klarwerden über den Weg, den unsere Bewegung seit jener Versammlung im Herrenhaus vor nunmehr genau zwei Jahren zurückgelegt hat. Aber zugleich auch vor Euch, den Sonderabteilungen, Rechenschaft ablegen über die Ereignisse der Spielzeit 1927/28. Unbelastet will ich an die neue Arbeit gehen, die vor mir liegt.

Unser Theater entstand aus dem Kampf um die Aufführung von Welks *Gewitter über Gottland*. Zwei Fronten bildeten sich über Nacht, die eine unter der Devise: »Kunst als Ausdruck des Menschlich-Großen«, die andere unter der Devise »Kunst als Instrument der sozialen Auseinandersetzung«. Die latente Krise, die schon seit Jahren geschwelt hatte, war zum Ausdruck gekommen. Die Piscator-Bühne sollte sie in einem gewissen Sinne beseitigen.

Es war eine merkwürdige Situation. Mitten im Lager der Bourgeoisie, getragen von der Woge der öffentlichen Meinung, vom Kapital finanziert und konzessioniert vom Staate, entsteht eine Bühne, die den sozialen Umsturz zum Programm erhebt. Zum ersten Male in der Geschichte des Theaters soll der große und komplizierte Apparat einer Bühne dazu dienen, die Weltanschauung und den kämpferischen Willen der unterdrückten Klasse zu repräsentieren.

Hatte diese Bühne das Publikum, das ihrer geistigen Einstellung entsprach? Aus der Riesenarmee des Proletariats stellten sich *nur* 16000 für die Dauer einer Spielzeit hinter das Unternehmen. Das Theater war infolgedessen darauf angewiesen, unter bürgerlich-kapitalistischen Bedingungen seine Darbietungen auch den mittel- und großbürgerlichen Schichten zugänglich zu machen, die seiner Idee fremd oder feindlich gegenüberstanden und nur auf die Sensation meines Namens hin die hohen Eintrittspreise bezahlten, die ich fordern mußte, um das Theater wirtschaftlich auszubalancieren.

Dies war von vornherein eine Halbheit, aber sie lag in den Verhältnissen begründet. Wären statt der 16000 die fünffache Anzahl aus dem Proletariat zu uns gestoßen, so wäre die Piscator-Bühne nicht in die Zwangslage versetzt worden, mit den bürgerlichen Theatern um das zahlende Publikum zu konkurrieren. So aber mußten wir nicht nur den geistigen, sondern zugleich auch den ökonomischen Kampf um den Bestand des Theaters vom ersten Tage an führen.

Dieser Kampf war im Laufe der letzten Jahre immer komplizierter geworden. Der Angriff gegen die bürgerliche Gesellschaft (die politische Aufgabe des Theaters) war zugleich auch ein Kampf gegen ihre Kunst, ein Kampf gegen Formen und Inhalte des stagnierenden bürgerlichen Theaters (woraus sich erklärt, daß wir im bürgerlichen Lager so viele Bundesgenossen fanden). Im Gegensatz zum bürgerlichen Theater, das aufgehört hatte, gesellschaftsbildend zu sein, und nur noch dem Unterhaltungsbedürfnis einer Oberschicht diente, war die Piscator-Bühne ein Theater, das wieder einem gesellschaftlichen Zweck diente, nämlich eine im Aufsteigen begriffene Klasse geistig zusammenzufassen. Der Ausgangspunkt ihrer Arbeit war nicht mehr ästhetische Wertung der Welt, sondern der Wille, sie zu verändern.

Damit vollzieht sich zugleich eine Änderung seiner Mittel. An die Stelle des Privaten tritt das Allgemeine, an die Stelle des Besonderen das Typische, an die Stelle des Zufälligen das Kausale. Das Dekorative wird abgelöst vom Konstruktiven. Dem Emotionellen wird als gleichwertig das Rationelle beigeordnet, und das Sensuelle wird durch das Pädagogische, das Phantastische durch die Wirklichkeit, das Dokument, abgelöst. (D. h. nicht, daß unser Theater auf irgendeines der bürgerlichen Theatermittel verzichtet, sondern daß es sie, entsprechend der veränderten Zielrichtung, gleichfalls ändert oder anders gebraucht.)

Konkret gesprochen: die Struktur der bürgerlichen Bühne genügt nicht, um die Wesensänderung des Theaters zum Ausdruck zu bringen. Die Form der bürgerlichen Bühne geht in Trümmer. Was Sie in meinen sämtlichen Aufführungen erlebt haben, waren keine Regieleistungen, sondern die Zertrümmerungsaktionen der von der bürgerlichen Gesellschaft geschaffenen *Theaterform*. Aber noch etwas anderes ging dabei in Trümmer: die von der bürgerlichen Gesellschaft geschaffene oder anerkannte *Dramatik.* Die Umarbeitung der Stücke, die mir so oft zum Vorwurf gemacht worden ist, entsprang nicht meinem besonderen Sadismus gegen Autoren, sondern der Notwendigkeit, diese Stücke, deren

Problematik im besten Fall psychologisierend war, nach der sozialen, ökonomischen und politischen Seite hin *zu vertiefen.*

Im Stadium eines in voller Entwicklung begriffenen Prozesses, noch ohne irgendwelche greifbaren Resultate, begann die Piscator-Bühne ihre Arbeit. Sie war sich nur der Notwendigkeit bewußt, das Theater in seiner Funktion grundsätzlich anders zu handhaben als bisher, sie besaß bestenfalls eine neue Dramaturgie, aber keine neuen Dramen, und vor allen Dingen *nicht die Technik*, die notwendig gewesen wäre, um der Form des bürgerlichen Theaters eine neue, revolutionäre Form entgegenzusetzen.

Inmitten eines Trümmerfeldes, in dem die Spuren eines neuen Grundrisses eben erst sichtbar wurden, gingen wir an das Wagnis. Viele rieten ab. Uns erschien es als historische Pflicht, die wir selbst unter den ungünstigsten Umständen zu erfüllen hatten. Und wenn wir heute zurückblicken, so müssen wir sagen, daß das Wagnis, trotz seines Scheiterns, nicht umsonst gewesen ist. Eine neue Ära des Theaters brach damit an, und diese Ära steht im Zeichen des Kampfes um die Neuordnung aller menschlichen Beziehungen.

Aus den beiden Hauptmängeln, dem *Mangel einer Architektonik* und dem *Mangel einer neuen Dramatik*, sind die beiden Hauptresultate des Theaters entstanden: *die Bühnengestaltung* und *die Dramaturgie.*

Die Bühnengestaltung, die in meinen vier Inszenierungen: *Hoppla*, *Rasputin*, *Schwejk* und *Konjunktur*, vier verschiedene Formen annahm, entsprang nicht ›einer rastlosen technischen Phantasie auf der Suche nach immer neuen Sensationen‹, sondern orientierte sich, so merkwürdig es klingen mag, an dem *historischen Materialismus* von Karl Marx. Es waren *marxistische Bühnenbauten.* Sowohl die lichttransparente Etagenbühne von *Hoppla* wie die Segment-Globus-Bühne im *Rasputin* entstanden aus dem Zweck, jede einzelne Szene in Verbindung zu setzen mit dem universellen gesellschaftlichen Geschehen und sie damit *ins Historische zu steigern.* Die technische Bereicherung der Bühne durch das *selbständige Spielgerüst,* das bereits den Raum der Guckkastenbühne verließ und wie beim *Rasputin* in einen freien Spielraum hinausstrebte, war sozusagen nur Nebenprodukt, wenn auch kein zufälliges. (Denn eine technische Revolution, sei es auf der Bühne oder sonstwo, steht immer in kausaler oder paralleler Beziehung zu einer gesellschaftlichen Umwälzung.) – Nicht minder wichtig war der Bühnenbau im *Schwejk* und in *Konjunktur,* wo beide Male immer deutlicher ein *dynamisches* Prinzip sich durchsetzte: in der *Rollbühne* oder im laufenden Band und im *dramatisch-dynamischen Spielaufbau.* Während das erstere gegenüber den pathetischen Bauten von *Hoppla* und *Rasputin* ein *komisches* Moment der revolutionären Theaterarchitektonik darstellt, bedeutet die zweite Form, bei der an Stelle der statischen Dekoration ein wirklicher Bühnen*aufbau* vor den Augen der Zuschauer, durch die Handlung des Stückes bedingt und selbst die Handlung des Stückes bedingend, tritt, eine wirkliche *Dialektik,* d. h. Wechselwirkung des dramatischen und technischen Geschehens.

Im selben Sinne ist der Film zu verstehen, nicht als interessante Bereicherung der Regiemittel, sondern als Mittel, die historischen großen Beziehungen des dramatischen Stoffes sichtbar zu machen und das Stück selbst einzugliedern in einen historischen Ablauf. Von den gleichen Gesichtspunkten gingen wir bei der Ausarbeitung unserer *Dramaturgie* vor. Entsprechend den gesellschaftlichen Bedingungen der Klasse, aus der heraus das Theater erwachsen ist, steht nicht mehr im Mittelpunkt der Handlung das private Schicksal einer Einzelperson mit seinen moralischen, seelischen oder Triebkonflikten. *Auch die Funktion des Menschen hat sich gewandelt. Die gesellschaftliche Seite* seiner Existenz steht im Vordergrund. Wo er auftritt, da tritt mit ihm zugleich seine *Klasse* oder Schicht auf. Wo er in Konflikt gerät, moralisch, seelisch oder triebhaft, gerät er in Konflikt mit der *Gesellschaft.* Eine Zeit, in der die Beziehungen der Allgemeinheit untereinander, die Umordnung aller Verhältnisse auf der Tagesordnung stehen, kann auch den Menschen nur sehen in seiner Stellung zur Gesellschaft, als *politisches* Wesen. Diese Überbetonung des Politischen mag in gewisser Weise zu einer Karikatur des Menschen führen, an der nicht wir schuld sind, sondern die Disharmonie der heutigen menschlichen Zustände, die jede Lebensäußerung zu einer politischen macht.

Diesen Zustand zu überwinden, die Disharmonie aufzulösen, das menschlich Große darzustellen in einer Epoche, die den Menschen in Wirklichkeit zur Karikatur gemacht hat, mit einem Wort idealistisch zu wirken, ist nicht die Aufgabe des Theaters und der Dramatik. Ihre Aufgabe ist es, diese Diskrepanz zu steigern zu einem Element der *Anklage,* des *Umsturzes* und der *Neuordnung.*

Als Prototyp seiner Klasse ist der Mensch zugleich auch Träger der geschichtlichen Entwicklung. Diese Entwicklung, nicht das interessante Einzelschicksal, sondern das gültige Allgemeinschicksal einer ganzen Zeit bildet den Vorwurf der neuen Dramatik. Der Held ist nicht mehr der einzelne, sondern die Epoche. Damit gewinnt an Stelle der Fabel das *Dokument* eine entscheidende Bedeutung (das zugleich ein Wirkungselement ist, dem sich niemand mehr entziehen kann).

Von diesen Gesichtspunkten aus haben wir die Dramen, die unserem Zweck wenigstens auf halbem Wege entgegenzukommen schienen, zu bearbeiten versucht. Vieles mußte mangelhaft bleiben, und »ewige Kunstwerke« sind gewiß nicht damit geschaffen worden. Was geschaffen worden ist, ist ein Weg, eine Richtung, eine Vorform. Eine Vorarbeit für die kommenden Dichter unserer Zeit. Neben diesen Resultaten, die der Bildung einer neuen revolutionären Theaterkultur zugute kommen, steht auf der Plusseite unserer Abrechnung die unmittelbare politische Wirkung, die das Theater ausgeübt hat. Es würde den ganzen Abend füllen, wenn ich allein die politische Auslösung unserer Aufführungen innerhalb der Presse feststellen wollte. In richtiger Erkenntnis der Situation wurden namentlich von einem Teil der Rechtspresse die Aufführungen als politische und nicht mehr rein theatralische Ereignisse gewertet, und ihre Besprechung siedelte vom Feuilleton in den Leitartikel über. Die Kritik war nicht länger imstande, ästhetische Urteile zu fällen, sondern sah sich gezwungen, politisch Stellung zu nehmen. Nicht mehr das Stück, sondern die Tatsachen des Stückes gerieten in den Vordergrund der Debatte, und gerade das hatten wir gewollt. Eine politische Auflockerung von Schichten, die bisher indifferent gewesen waren, war das Ergebnis. Und über den Rahmen Deutschlands hinaus ein enormer Prestigegewinn des sozialistischen Gedankens durch den Widerhall, den dieses Theater, das als kommunistisch bezeichnet wurde, in der ganzen Welt auslöste.

Gegenüber diesen theatergeschichtlich und vielleicht auch politisch wichtigen Resultaten, die unter enormen Schwierigkeiten gegen Material und Menschen in einer einzigen Spielzeit erzielt worden sind, bleibt die Tatsache, daß das Unternehmen selbst zugrunde gegangen ist, relativ bedeutungslos. Dennoch will ich mit wenigen Worten darauf eingehen, da es eine Frage von allgemeinem Interesse zu sein scheint. Die Schuld soll nicht allein auf äußere Umstände, wie Miete, Nachlassen des Besuches usw., abgewälzt werden. Ich will die Fehler, soweit sie von mir und meinen verantwortlichen Mitarbeitern begangen worden sind, offen eingestehen. Und unter diesen Fehlern steht vielleicht an erster Stelle die falsche Disposition in bezug auf die Übernahme eines zweiten Theaters, wodurch unsere Ausgaben sich verdoppelten, während wir das für uns in Betracht kommende Publikum halbierten. Allerdings mußten wir uns zur Übernahme des zweiten Theaters entschließen, um Stückverpflichtungen gegenüber den Sonderabteilungen und den Abonnenten nachkommen zu können. Wäre es nicht richtiger gewesen, weniger experimentell zu arbeiten? Wäre es richtiger gewesen, den Bestand des Theaters zu erhalten und dagegen den Vorstoß schwächer zu führen? Auch der wirtschaftliche Leiter des Theaters hielt die politischen und bühnentechnischen Experimente für richtiger. Dann haben auch die Experimente, die wir durchgeführt haben, nicht nur sehr viel Kraft, sondern auch sehr viel Geld verschlungen.

Gegen Ende der Spielzeit häuften sich nicht nur die wirtschaftlichen Schwierigkeiten, sondern auch die Kritik gegen die Bühne wurde immer offener. Nicht nur von seiten des Bürgertums, das sich letzten Endes in einer Sensation enttäuscht sah, sondern auch von seiten der Arbeiterschaft, die ohne Kenntnis der wirtschaftlichen Erfordernisse eine radikalere Haltung der Bühne verlangte. Leider versagte die Arbeiterschaft selbst bei den letzten entscheidenden Probe auf die Zugehörigkeit zu diesem Theater. Ein Stück wie *Judas* von Erich Mühsam, das, allerdings ohne jede sensationelle Aufmachung, für die Arbeiterschaft von höchstem Interesse hätte sein müssen, konnte nicht einmal mehr die Notgemeinschaft tragen, weil trotz der intensiven Werbearbeit, die in allen Betrieben und Organisationen geleistet wurde, das Theater leer blieb.

Zusammenfassend kann man sagen, daß neben den subjektiven Fehlern, die auf der Schuldseite des Theaters zu buchen sind, historisch gesehen, das Theater zusammenbrach, weil die objektiven Verhältnisse nicht reif genug waren. Vielleicht haben wir mit einer zu starken Fanfare begonnen, so daß ein Rückzug auf die mittlere Linie, sowohl politisch wie künstlerisch, unmöglich wurde. Die Bourgeoisie, die sich willig der Sensation gebeugt hatte, konnte nach ihrer ganzen Lage und unter dem zunehmenden Druck ihrer Presse dem Theater nicht mehr dauernd Gefolgschaft leisten. Andererseits war die Schicht, die eigentlich die wirtschaftliche Basis des Theaters hätte bilden müssen, die Arbeiterschaft, allem Anschein nach ökonomisch nicht stark genug dazu.

All diese Faktoren sind zum Teil heute noch wirksam, und dennoch sehe ich der neuen Spielzeit mit größerer Zuversicht entgegen. Denn das, was man als das Hauptresultat der alten Spielzeit bezeichnen muß, die Auflockerung der Publikumsschichten, der Durchbruch zu einer neuen Theaterform, die Schaffung des aktuellen kämpferischen Theaters, hat den Boden bereitet für eine ruhigere und mehr systematische Fortführung unserer Arbeit. Schon heute profitiert eine Anzahl von Unternehmungen von der Vorarbeit, die wir geleistet und so teuer haben bezahlen müssen. Das aktuelle Theater ist zu einer Selbstverständlichkeit geworden. Ich freue mich darüber, denn es bestätigt, daß wir auf dem richtigen Wege waren. Unsere kommende Arbeit ist dadurch der Atmosphäre der Sensation entrückt. Ich will und wünsche keine Sensation, sondern tiefe, nachhaltige Wirkungen. Ich will eine Erziehungsarbeit durch das Theater, auch wenn die Resultate nicht heute und morgen schon zu sehen sind. Aber dazu braucht das Theater die lebendige Verbindung zur Masse.

Damit komme ich zum Schluß. Ich habe seit Beginn meiner Arbeit bewiesen, daß ich mich als Exponent der proletarischen Klassenbewegung fühle. Alles, was ich gesagt habe, würde ohne Sinn bleiben, wenn das Theater, so wie ich es erstrebe, nicht den lebendigen Zweck hätte, der proletarischen Klasse im Kampf um ihre eigene Befreiung und um die Errichtung einer wahrhaft menschenwürdigen Gesellschaftsordnung zu helfen. Aber ich und unser Theater, wir können diese Aufgabe, die wir uns gestellt haben, nicht bewältigen, wenn sich die großen Massen ihr dauernd versagen. Ich spreche aus den Erfahrungen einer zehnjährigen Arbeit. Ich spreche im Hinblick auf die kommende Spielzeit. Was in meinem Willen liegt, wird geschehen, um das Theater wieder zu einem Kampfinstrument zu machen. Aber mein Wille allein genügt auf die Dauer nicht. Die Arbeiterschaft muß endlich erkennen, daß die Piscator-Bühne und damit in gewisser Weise auch die Volksbühne, obgleich die letztere unter viel günstigeren Umständen arbeiten kann, Objekte sind, die sie sich erkämpfen muß. Je mehr Plätze im Theater die Arbeiterschaft einnimmt, desto stärker wird die Piscator-Bühne ihre Gedanken, ihre Kämpfe und Probleme zum Ausdruck bringen können. Ein revolutionäres Theater ohne sein lebendigstes Element, nämlich ein revolutionäres Publikum, ist ein Unsinn, von dem man von vornherein die Finger lassen sollte.

Ihr Sonderabteilungen seid das Bindeglied zwischen den großen Massen der Arbeiterschaft und dem Theater. An Eurer Aktivität wird es zum großen Teil liegen, ob die Piscator-Bühne zu einem ständigen Faktor im öffentlichen Leben Deutschlands wird oder nach einer Spielzeit wieder den Vorhang fallen lassen muß in der bitteren Erkenntnis, daß wohl die Zeit reif ist für ein revolutionäres Theater, nicht aber das Proletariat. Es wäre eine nicht wiedergutzumachende Niederlage sowohl für Euch wie für mich. Weder durch Wünsche, Hoffnungen noch Reden wird sie vermieden, sondern nur durch Arbeit, Arbeit und wieder Arbeit.

Rechenschaft 2

(Aus einem Vortrag)

Das bürgerliche Theater war in seiner ganzen Grundhaltung in den künstlerischen Formen auf dem Vorkriegsstandpunkt stehengeblieben. Es dominieren die Klassiker, es dominiert das bürgerliche Schauspiel und die Gesellschaftskomödie. Im Wirtschaftlichen dagegen entwickelt es sich immer mehr zum Geschäftsbetrieb. Zunächst übernehmen Geschäftsleute immer mehr und mehr Bühnen, treiben die Mieten in die Höhe, steigern die Gagen und geben selbst sogenannte reine Kunst nur aus spekulativen Gründen. Später folgt die Reibaro. In seiner Struktur ähnelt es dabei in auffälliger Weise den großen Industrieunternehmen. Das Theater schließt sich zusammen zu großen trustähnlichen Gebilden und Konzernen, die dem Markt Preis und Geschmack diktieren. Seine Theaterkarten werden zum Teil an eine gutzahlende Luxusschicht abgegeben, zum Teil verschleißt an Billettunternehmen, die später zu Beherrschern des Theaters werden. Es ist nicht mehr gesellschaftsbildend, nur noch (schlechte) Gesellschaft spiegelnd. Sein formales Charakteristikum ist: Betonung des Dekorativen, des schönen Bühnenbildes, die Betonung des Emotionellen, interessante Schauspielerleistungen um ihrer selbst willen, fast sportlich gewertet. Ebenso kommt auf der große Regisseur, der wiederum an Regieleistung eine Sensation, eine Selbstzweckleistung erzielen will und später seiner erreichten Stellung entsprechend erzielen *muß*. Überall Reinhardts. Reinhardt multipliziert. Oder wie Sie jetzt im stillen bei sich denken: Piscator.

Piscator nein. Denn gerade das ist der Unterschied. Die Piscatorbühne hatte wieder einen gesellschaftlichen Zweck. Ihr Ausgangspunkt ist nicht mehr die resignierte, skeptische, relative Wertung aller Erscheinungen (eine Eigentümlichkeit jeder untergehenden Gesellschaft), sondern eine kämpferische und daher *absolute* geschichts-philosophische Erkenntnis, die *marxistische Doktrin*.

Mit der Veränderung der Funktion des Theaters vollzieht sich eine Veränderung seiner Mittel. Es ist eine oberflächliche und lächerliche Argumentation, diesen Vorgang mit dem Begriff der

Sensation abtun zu wollen. Kaum jemand hat begriffen, wie sehr die Anwendung seiner Mittel Notwendigkeit war, um das *Weltanschauliche* zum Ausdruck zu bringen. Es setzt nunmehr ein: statt des Privaten das *Allgemeine,* statt des Besonderen das *Typische,* statt des Zufälligen das *Kausale.* Und es setzt ferner ein: statt des Dekorativen das *Konstruktive, Bauende,* statt des allein Emotionellen, Gefühlsmäßigen, das *Rationelle, Vernunftgemäße,* statt des Sensuellen das *Pädagogische* und anstelle des Phantastischen die *Wirklichkeit,* das *Dokument.*

Der Grund unseres ewigen Streites mit den Ästheten der vorigen Generation über den *Begriff der Kunst.* Ihr Vorwurf ist: daß unsere scheinbar prinzipielle Verwendung der Mittel mit Kunst nichts zu tun habe! (Das flächige Bild des Films passe nicht zum lebenden Menschen. Eine Lächerlichkeit! Es paßt so gut wie der bemalte Prospekt oder die Kulissen-Attrappe.) Sie sind unfähig zu begreifen, daß der Begriff Kunst einer Wandlung unterliegt und kein ewiges Axiom ist. *Praktisch ausgedrückt:* Die *Form* der bürgerlichen Bühne genügt nicht, um die funktionelle Veränderung des Theaters zum Ausdruck zu bringen. Es war eine Notwendigkeit, die sich gesetzmäßig aus der Entwicklung ergab, daß die Form der bürgerlichen Bühne sprang.

Im Anfang war es eine Aufhebung, der bürgerlichen Bühnenform durch die Vereinfachung, die das Spiel in den Sälen erforderte. Wir nahmen Landkarten als Kulissen und Hintergründe, um einen politisch-geographischen Begriff des Ortes zu geben, an dem wir spielten. Wie angeblich bei der Shakespeare-Bühne der Ort der Handlung durch eine Tafel angegeben wurde, so bezeichneten *wir* mit Hilfe von *Projektionen,* auf denen statistisches Material, Löhne, Unglücksfälle, Arbeitszeit etc. stand, rasch den sozialen Zustand und Hintergrund des jeweiligen Stückes.

Bei der Inszenierung von *Fahnen,* in der zum ersten Mal der Film verwandt werden sollte – es blieb aus äußeren Gründen bei der Projektion –, fiel dieser die Aufgabe zu, durch Dokumente wie Originalzeitungsausschnitte, Aufrufe und Plakate aus der damaligen Zeit, also 1896, den Vorgang aus dem Stadium der Theaterhandlung zu übertragen in eine dokumentarische und so dem Zuschauer die Wirklichkeit dieser Vorgänge bewußt und eindeutig vor Augen zu führen. *Mit dieser Aufführung war die Schwelle überschritten vom Kunst-Theater zum Zeit-Theater.*

Die Trennungswand zwischen Bühne und Zuschauerraum war gefallen. Das ganze Gebäude ein Versammlungsraum. Der Zuschauerraum in die Bühne einbezogen. Alle Elemente sind in dieser ersten Aufführung bereits vorhanden. *Das Pädagogische,* das lehrhaft aufzeigt die objektiven Verhältnisse der damaligen Zeit und das Historische zum Beispiel erhebt. *Das Tendenziöse*, das die Vorgänge kausal ordnet nach Gesichtspunkten, die eine wissenschaftliche Grundlage haben, *und somit das Propagandistische.* Technisch die beiden Leinwände rechts und links von der Bühne am Proszenium. Die Schultafeln zur Aufnahme der Berichterstattung: des Dokumentes. (Die Genickstarre, die nach Aussage einiger Unzufriedener eintrat, erschien mir nebensächlich im Vergleich zum Erreichbaren.) Aus dem *Dokument* nämlich, und das bestätigen die neuen Erfolge aktueller Stücke in diesem Jahr, erhält die künstlerische Wirkung zugleich eine ungeahnte Steigerung. Die Wirklichkeit konkretisiert den künstlerischen Vorgang. Durch das Eindringen eines scheinbar fremden Körpers ins Theater wird eine neue und eigenartige Spannung geschaffen, aus der das darauf Folgende eine stärkere Emotion bezieht. Zugleich wird eine epische Verbreiterung des Stoffes erreicht, ohne die Spannkraft des dramatischen Ablaufs zu schwächen.

Diese Mittel, die sich so ergeben, werden in den folgenden Aufführungen in immer stärkerem Maße herausgebildet. Der Umkreis des Weltbildes wird immer größer gespannt. Nicht nur räumlich, sondern auch zeitlich der soziale Aufriß immer stärker durchgearbeitet, immer mehr tritt das Einmalige, Zufällige zurück gegenüber dem großen kausalen Geschehen. Kurz also: nicht wichtig war, daß der Film etwa auf die Bühne gebracht wurde, sondern das Wesentliche war *die Steigerung jedes theatralischen Vorganges zu allgemeiner geschichtlicher Bedeutung.*

Genauso wie eine neue Technik der Bühne sich als notwendig erwies, so auch eine neue *Dramatik.* War in *Fahnen* noch der Stoff im Stück gefaßt und verlangte er in diesem Stück die adäquaten Mittel, so machte sich später bei den folgenden Stücken, an diesen Mitteln gemessen, ein Mangel an stofflicher Substanz im Drama fühlbar. Infolgedessen mußte die dramaturgische Arbeit des Inszenators in gesteigertem Maße einsetzen, um die Mängel auszugleichen und den Stoff zu voller Wirkung zu bringen. *Hier* also ist die Regie nicht Selbstzweck (und auch die Vergewaltigung der Autoren kein sadistischer Trieb eines Regiemonomanen, wie mir Böswillige immer nachsagen), sondern gerade das, was die Kunstästheten immer fordern: »Dienst am Werk«.

Auf die Entstehung einer neuen Dramatik konnte man in kurzer Zeit nicht rechnen. Die mangelhafte Technik sollte ersetzt werden durch den Bau eines neuen Theaters. (Ich möchte daran erinnern, daß ich die Gründungsverhandlungen nur unter dieser Voraussetzung führte. Abgesehen von den technischen Neuerungen eines neuen Theaters erschien mir damals wie noch heute der Bau eines solchen schon aus dem Grunde notwendig, um den für meine Mittel hohen Etat durch eine erhöhte Anzahl der Plätze herauszuholen. Ein größeres Theater hätte mit etwa 2000 Plätzen auch den proletarischen Charakter vom Zuschauerraum her erhalten.) Auch der kam nicht zustande.

Aber gerade aus den beiden Mängeln, dem Mangel an Architektonik und dem Mangel an Dramatik erwuchsen die zwei Hauptresultate. Auf einer Bühne, die unseren neuen Anforderungen nicht genügte, entstand eine neue *Bühnengestaltung*, und aus dem Mangel an Dramatik entstand eine *neue Dramaturgie*.

Die Eingliederung des Films in das Epos machte uns zur Aufgabe, auch die Spieler in Leinwände hineinzusetzen. Es war ursprünglich die Absicht, gar nicht das Spielgerüst bei *Hoppla* zu zeigen, sondern jeweils nur in einer weißen Leinwand Spielflächen aufklappen zu lassen. Letzten Endes entstand das selbständige Spielgerüst, das nicht mehr an den Bühnenausschnitt gebunden ist und das Bühnenbild überflüssig macht (das war auch der Gegensatz zur Kreislerbühne, die eigentlich nur das Bühnenbild aufteilt und vervielfacht). Mit dieser Konstruktion sollte erreicht werden, daß das Problem der Stellung des einzelnen Menschen zur Gesellschaft nicht losgelöst von ihr dargestellt zu werden brauchte, sondern sein Schicksal eingebettet war in ihre politische und soziale Struktur.

Die *Segment-Globusbühne* von *Rasputin* betont noch stärker als die vorige das selbständige Spielgerüst. Sie sprengt bereits den Rahmen der Guckkastenbühne und strebt einen freien Spielraum an, so wie er uns bei dem Gropius-Modell vorgeschwebt hatte. Dramaturgisch interessant ist, daß *Rasputin* das Musterbeispiel für das wurde, was aus dem Mangel an Dramatik resultiert, *die soziologische Dramaturgie.* Es wurde der Versuch gemacht, durch eine vollkommene Ummontage eines Stückes, das sich vorher mit dem Schicksal *eines* Menschen, nämlich des Rasputin, beschäftigte, eine *Schicksalsrevue Europas* zu machen. Die Globusbühne stellt zugleich das *Symbol* der Welt dar.

Am reinsten treffen sich Architektur und Dramatik auf *dem laufenden Band* von *Schwejk.* Hier ist tatsächlich der auf dem laufenden Band in Marsch gesetzte Soldat Schwejk die Verkörperung des dramatisch-epischen Prinzips. In dieser Bühnenform kann man meiner Ansicht nach jeden Roman in ein Drama verwandeln. Die Verflüssigung der Vorgänge, die Erzählung durch den Film, alles das sind Mittel, die uns immer mehr loslösen von der starren Architektur der alten naturalistischen Dramenform. Zum Teil auch losgelöst war der dramatisch-dynamische Spielaufbau von »Konjunktur«. Die Wirtschaftskomödie, die zugleich die Dekoration als pädagogisches Lehrmittel verwandte. (Das Abstecken des Bühnenbodens und diesen abgesteckten Bühnenboden als Eigentum erklären, ferner das Wachsen des Spielgerüstes gleichzeitig mit der Handlung des Stückes: also die dramaturgisch-funktionelle Bedeutung des Requisits.) An Stelle der statischen Dekoration die Dynamik eines wirklichen Bühnenaufbaus vor den Augen der Zuschauer, durch die Handlung des Stückes bedingt und selbst die Handlung bedingend. Die Dialektik des dramatischen und technischen Geschehens.

1929

Das ABC des Theaters

Ein Rundfunkgespräch zwischen Herbert Ihering und Erwin Piscator

Ihering: Die Theaterspielzeit geht zu Ende. Ich glaube deshalb, daß man heute schon einen Überblick gewinnen und feststellen kann, daß eine Gattung von Stücken sich durchgesetzt und Erfolg gehabt hat, von der man noch vor zwei Jahren wenig wußte, deren Erfolg man zum mindesten für unmöglich gehalten hätte. Das Publikum will Stücke sehen, die etwas mit der Zeit zu tun haben, das Publikum will sich nicht mehr nur amüsieren, sich nur unterhalten, es will vom Theater Nahrung, es will wieder Substanz. Daher die Möglichkeit, *Giftgas über Berlin* aufzuführen, daher die Erfolge von allerdings ungleichartigen Stücken wie *Revolte im Erziehungshaus, Verbrecher, Dreigroschenoper.* Es ist nicht zuviel gesagt, wenn man behauptet, daß diese Änderung der Spielpläne die indirekte Folge Ihres Theaters, Herr Piscator, der Piscatorbühne ist, deren Weiterwirken somit größer ist als die direkten Leistungen. Glauben Sie nicht auch?

Piscator: Ich gebe gern zu, Herr Ihering, daß die Auswirkung groß ist, ich gebe hingegen ungern zu, daß gerade aus diesem Grunde die Leistung geringer zu bewerten sei. Wäre ich unbescheiden, könnte ich sagen: wie groß muß also die Leistung gewesen sein. Bescheiden möchte ich aber hinzufügen: die Ereignisse sind größer als wir. Ich habe den Krieg nicht angezettelt und die Revolution auch erst durch ihn verstehen gelernt.

Ihering: Also gut. Sie haben die Stoffe nicht erfunden.

Piscator: Nein, aber diese beiden Faktoren haben die Umwandlung auf allen menschlichen Gebieten vollzogen bzw. sollten sie vollziehen: auch des Theaters. Nicht ich. Auch ohne mich. Auch gegen mich gegebenenfalls. So wie sich diese Tatsachen heute und hoffentlich in Zukunft mehr und mehr gegen jene wenden werden, die glauben, mit der Phrase von der Neutralität der Kunst die brennenden Gegenwartsfragen –

Ihering: – und das sind immer auch die entscheidenden Zukunftsfragen –

Piscator: – von der Kunst fernhalten zu können.

Ihering: Ein Verdienst können Sie in Deutschland für Ihre Aufführungen und sich in Anspruch nehmen: Sie haben zur Beschleunigung beigetragen. Sie haben durch die Bekämpfung des L'art-pour-l'art-Standpunkts die prinzipielle Forderung aufgestellt, daß Kunst, wie jedes andere Element des menschlichen Fortschritts, auch Mittel zum Zweck sei, und wir haben durch programmatische Arbeit diese Prinzipien von der Kunstfakultät weg ins Bewußtsein der Masse gerückt und zur Diskussion gestellt.

Piscator: Das nehmen aber heute viele für sich in Anspruch. Ja, es geht so weit, daß bereits die gefährliche Parole ausgegeben wird, die Probleme nicht mehr zu diskutieren. So wünschte vor kurzem jemand, es sei nun endlich an der Zeit: der Krieg solle totgeschwiegen werden.

Ihering: So? – Ich wiederum las, daß Arnold Zweig allein über das Thema Romane schreiben und diskutieren wolle. Außer seinem eigenen Buch, dem *Sergeanten Grischa,* hält er keine anderen Kriegsbücher für notwendig.

Piscator: Lieber Herr Ihering, sehr schnell hat sich wohl ein radikaler Demokratismus dieser Stoffe bemächtigt. Genauso wie bei den Naturalisten vor dem Kriege. Aber was war die Konsequenz der geistigen Kulturträger der Vorkriegszeit? Wie und wo endeten die *Weber*? In der Hochkonjunktur des Kapitalismus. Und in das Gebrüll der Kriegsschreier mengten sich trotzdem auch die Stimmen, die vorher in der Literatur ein anderes Programm vertraten. Gerade darum hat der Begriff Zeittheater heute bereits eine Abwandlung, eine Verallgemeinerung erfahren, die mir unangenehm ist und mit der ich mich nicht identifizieren möchte. Er ist modisch geworden, kaufkräftig, kurz, bühnenfähig.

Ihering: Dann müssen wir den Begriff Zeittheater genau fixieren. Zeittheater gab es immer. Die Forderung nach dem Zeittheater ist auch nicht neu. Sie trat immer wieder unter verschiedenen Namen auf. So schrieb Schiller schon *Die Schaubühne als eine moralische Anstalt betrachtet* und sagte darin, als ob er Lampel und die *Revolte im Erziehungshaus* meinte: »Mit ebenso glücklichem Erfolge würden sich von der Schaubühne Irrtümer der Erziehung bekämpfen lassen; das Stück ist noch zu hoffen, wo dieses merkwürdige Thema behandelt wird. Keine Angelegenheit ist dem Staat durch ihre Folgen so wichtig als diese, und doch ist keine so preisgegeben, keine dem Wahne, dem Leichtsinne des Bürgers so uneingeschränkt anvertraut wie es diese ist. Nur die Schaubühne könnte die unglücklichen Schlachtopfer vernachlässigter Erziehung in rührenden, erschütternden Gemälden an ihm vorüberführen.«

Piscator: Schiller verstand überhaupt die Prinzipien der Schaubühne schon in einem ähnlichen Sinne wie wir. Welche wissenschaftlichen Vorarbeiten leistete er, um zu seinen großen Geschichtsdramen zu kommen. Dann aber ging sein Theatertemperament durch. Mehr noch als er und vor allem kühler wollen wir das Theater wissentlich und willentlich in die große Politik einbeziehen. Zeittheater!? Jede Zeit kann ihr Theater haben, ohne daß die Zeit etwa besonders wertvoll, gut oder böse, ethisch, moralisch oder amoralisch zu sein braucht. Zeittheater – nein – Tendenztheater, Lehrtheater.

Ihering: Tendenztheater? Das ist doch Plakat, ist doch Lichtreklame, etwas Borniertes, etwas Enges, hat doch nichts mit Kunst zu tun.

Piscator: Aber, Herr Ihering.

Ihering: Hallo, das sage nicht ich, das sagt Franz Werfel. Für ihn ist es das Unglück unserer Zeit, daß ein Überfluß an Stoffen vorhanden ist, bevor die Form gefunden wurde, während umgekehrt es die Stärke der Zeit ist, daß die Stoffe in die Kunst eindringen, sie überwältigen, die alte Form sprengen.

Piscator: Sogar die szenische Form.

Ihering: Und von sich aus eine neue Form schaffen. Lyriker von Werfels Art, die sich den Stoffen nicht offenhalten, werden von ihnen in die Defensive gedrängt und finden dann im günstigsten Fall zwar die Form, aber niemals das Stück. Sonnabend Werfels schwächliches Formwerk *Paulus unter den Juden* – ohne Wirkung. Sonntag Erich Mühsams dokumentarisches Werk *Sacco und Vanzetti* – erschütternde Wirkung. Der Unterschied war Beweis.

Piscator: Tendenzstücke sind solche, die sich nicht der Zeit an die Rockschöße hängen, sondern die über diese Zeit hinausführen. Ein neues Ziel aufstellen. Solche, die den sogenannten Fall, den Stoff nicht zur Anwendung bringen, weil er interessant, bühnenwirksam und zugleich aktuell ist, sondern weil an ihm ein Beispiel konstruiert werden kann für das aktive Handeln bestimmter gesellschaftlicher Kräfte. Das Dokument wird benutzt, um zu lehren, zu belehren (Pädagogik) –

Ihering: Sie und Brecht kommen hier also auf verschiedenen Wegen zum gleichen Resultat –

Piscator: – um mit sozusagen wissenschaftlichen Mitteln aus der Klärung des Stoffs bzw. des Falls, also aus der Erfahrung heraus, die Konsequenz für den Zuschauer zu ziehen.

Ihering: Der Autor also oder jeder an der Aufführung als Regisseur oder Schauspieler Beteiligte hat demnach die Verpflichtung zum stofflichen Problem des künstlerischen Erzeugnisses selbst Stellung zu nehmen und, wenn man es recht versteht, die Moral von der Geschichte zu verkünden.

Piscator: Jawohl, ebenso wie Tolstoi dies in seinen Volkserzählungen getan hat, die er nur um der Tendenz willen geschrieben hat.

Ihering: Und die nebenbei das künstlerisch Wertvollste sind, was er geschrieben hat.

Piscator: Ja.

Ihering: In diesem Sinne sind also auch klassische Stücke Tendenzstücke gewesen.

Piscator: Zum Teil ja. Bei den Griechen finden wir in Aristophanes den politischen Tagesschriftsteller, während sonst aber auch Tendenzen zu einer bestimmten moralischen Konsequenz fast in jedem Klassiker liegen. (Erst in der Zeit des späteren kampflosen, zufrieden gewordenen Bürgertums war es den Klassikern vorbehalten, zur Unterhaltungsware herabzusinken.) In Zeiten sozialer Umwälzungen werden immer wieder neue Gesichtspunkte herausgefunden: Voltaire, Molière und zu gleicher Zeit Lessing, der erste Tendenzschriftsteller großen Formats von deutscher Abkunft. Ein Mann, der alles, was er schrieb, von seinem überlegenen kritischen Geist aus schrieb, und zwar belehrend. Er lehrte den neuen Inhalt und somit auch, und zwar bewußt durchgeführt, die neue Form des bürgerlichen Dramas. Er lehrte und erfand den politischen Stoff im Drama, behandelte aktuelle Fragen wie z. B. die Judenfrage: *Nathan der Weise, Die Juden* usw. Noch heute wirken die in der Vergangenheit aktuellen Probleme aufrührend, wenn sie richtig und sachlich dargestellt werden.

Ihering: Um so schlimmer, daß trotz dieser Tatsachen die Klassiker immer wieder und immer stärker in verfälschter Form gespielt werden. Der Klassikertod!

Piscator: Der treffende Inhalt Ihrer Broschüre, Herr Ihering.

Aber das ist es, selbst die *Räuber* sind auch später noch, zum letztenmal 1890, verboten worden.

Ihering: Zum letztenmal? Haben Sie denn vergessen, daß Ihre Aufführung auch auf Schwierigkeiten stieß?

Piscator: Die *Räuber* wurden immer erlaubt, wenn Karl Moor mit großem Pathos sprach und den eigentlichen Sinn zudeckte, verboten immer –

Ihering: Das wissen wir aus dem Jahr 1927.

Piscator: Ja. Hier liegt auch der Punkt, von dem aus die Aufführung der Klassiker betrachtet werden muß. Die Klassiker sind heute nicht mehr von dem Zeit- bzw. Tendenztheater zu trennen. Wenn ich den »Timon« gebe, so will ich ihn nicht geben unter dem Gesichtspunkt einer zum hundertsten Male neuen Aufführung, sondern nur dann, wenn es mir gelingt, mit dieser Aufführung den speziellen Gesichtspunkt der gewollten Tendenz herauszuschälen. Nicht mehr kann die Rede sein von einem besonderen Klassikerstil.

Ihering: Richtig, wenn Sie damit einen Stil meinen, der nur auf die Klassiker anwendbar ist. Die Krise, die die Darstellung der Klassiker heute auf dem Theater durchmacht, ist aber noch auf andere Gründe zurückzuführen.

Piscator: Ja, aber es ginge zu weit, sie alle hier anzuführen. Jedenfalls sind heute leider nicht einmal nur ästhetische Gründe, sondern viel untergeordnetere ausschlaggebend, und dabei kommen wir auf die wirtschaftlichen Grundlagen.

Ihering: Wir müssen erst das ABC des Theaters lernen.

Piscator: Das ist gerade das, was man nie lernt. Ich wenigstens bleibe da immer in der untersten Klasse sitzen.

Ihering: Ihre Kollegen nicht?

Piscator: Haben Sie bei ihnen schon Routine festgestellt? Außerdem hilft in diesem Fall das Erlernte nicht allzuviel. Ausschlaggebend ist der Erfolg. Man glaubt allerdings nur an Erfolge, ist trotzdem über jeden Erfolg erstaunt, ebenso aber auch über jeden Mißerfolg. Klopft dreimal auf Holz, wenn man von der kommenden Premiere spricht, behält nie den Hut auf dem Kopf, während man – um Gottes willen nicht pfeifend – über die Bühne geht.

Ihering: Damit sagen Sie: Das Kapitel »kaufmännische Führung eines Theaters« bereitet nicht nur dem reinen Künstler, sondern mehr noch dem klar und nüchtern denkenden Kaufmann Überraschungen, wie er sie selbst in den abenteuerlichsten Geschäften seiner kaufmännischen Praxis kaum kennenlernen dürfte.

Piscator: Ja. Das ist das Interessante. Das Theater, dessen Form und Inhalt man stets nur unter dem Gesichtspunkt der reinen Kunst betrachten möchte, dieses Theater wird heute und – von den Aposteln der reinen Kunst besonders – erst in dem Augenblick als existenzberechtigt angesehen, wenn es seine künstlerischen Werte in realen Geldwert umsetzen kann. Ein Maler, ein Schriftsteller hat als Werkzeug Feder, Pinsel, Papier. Wir aber müssen bei unseren Intentionen davon ausgehen, daß man den Betrieb, den man überwinden will, als erste Voraussetzung seines Wirkens akzeptieren muß. Gerade das ist es, was die Herren Kritiker immer vergessen. Es muß unter allen Umständen gespielt werden.

Ihering: Aber das ist doch nicht Sache der Kritiker, das geht doch nur Sie an, die Theaterdirektoren, den Betrieb.

Piscator: Richtig. Der Betrieb verlangt es. Im Theater sagt man, wie schlecht es auch immer gewesen sei, der Vorhang fällt doch. Aber zuvor, lieber Herr Ihering, muß er doch hochgegangen sein.

Ihering: Was geht das die Kritiker an? Schuld sind die gesellschaftlichen Verhältnisse, die zuließen, daß aus Kulthandlungen Betrieb wurde.

Piscator: Ja, und doch bleibt die Gleichung Kassenrapport gleich Kunstprodukt immer eine unbekannte Größe. Wenn abends zwischen teuren Dekorationen und anspruchsvollem Publikum sich der Vorhang hebt, so ist jeder Blick, der auf die Bühne fällt, vorher teuer bezahlt. Jener Vorhang aber, der sich im Verlauf eines Jahres Tausende Male hebt und senkt, verrichtet diese Arbeit nicht etwa auf Befehl seines derzeitigen Herrn, des Theaterdirektors, sondern auf den des Kapitals, das Zinsen tragen muß, und des rollenden Betriebs, der nun einmal im Laufen ist. Unablässig öffnen sich jeden Abend die Türen der Zuschauerräume. In Berlin allein warten Hunderttausende leerer Stühle, deren Preis vorher kalkuliert und unbedingt erreicht werden muß, daß irgend jemand, den man nie gesehen hat und sicher nie kennenlernen wird, komme und sich auf einen von ihnen niederlasse. Von den Ansprüchen dieses Irgendwer aber nimmt man an, daß sie so sein werden, wie sie bisher Voraussetzung waren.

Vor diese bezahlten oder unbezahlten Stühle nun treten Bataillone vorausbezahlter Schauspieler, deren Gagen pro Abend schwanken zwischen 2000 Mark und 2 Mark.

Ihering: Aber denken Sie doch an die überzahlten Sportbörsen eines Dempsey mit 400000 Dollar pro Kampf oder an Schmeling.

Piscator: Eine Farce und ein Sinnbild der chaotisch-anarchischen Zusammensetzung unserer Gesellschaft überhaupt. Besonders aber muß diese Diakrepanz in die Augen fallen bei Menschen, die ein Kollektivhandwerk betreiben, die eine künstlerische Einheit bilden und die, auf ein Podium emporgehoben, die schlimmsten wirtschaftlichen Gegensätze darstellen, die man sich denken kann.

Ihering: Diese Gegensätze wirken sich unter den einzelnen Mitgliedern in um so schärferer Form aus, je mehr sie durch Begabung sich ähneln, je mehr der eine dem anderen Ruhm und Verdienst streitig macht. Sogar das klassische Stück ist heute zu einem Schlachtfeld des Prominenten-Konkurrenzkampfes geworden. Dafür ist nicht allein die Eitelkeit der einzelnen Schauspieler verantwortlich, sondern ebenfalls die ökonomischen Bedingungen, unter denen heute Theater gespielt wird. Der Star steigt schon mit der ganzen Belastung seines Verdienstes in die Rolle hinein und muß deshalb einen Erfolg haben, um seine Gage und seine Lebensansprüche zu rechtfertigen. Daher die Mutlosigkeit vor dem künstlerischen Experiment und, bei den Stars, der Wille zum Geschäftsstück. Die Frage ist nicht mehr nach der künstlerischen Leistung, sondern nach der materiellen Zugkraft. Der Schauspieler zieht Geld aus dem Theater und muß Geld wieder hineinziehen.

Piscator: Ja, Sie glauben nicht, wenn man morgens zur Bühne geht, an der Bühnentür halten die Stutz, die Cadillacs, die Buicks: welche Angst muß dahinterstecken, diesen Standard zu halten, ihn inklusive der Villen und anderer kostspieliger Annehmlichkeiten von dem nächsten Premierenerfolg abhängig zu wissen. Eine Psychose tritt ein, eine Überreizung. Eine Berliner Premiere steht, abhängig nicht allein von dem Erfolg bei dem Publikum, sondern von dem Urteil der großen Presse, unter einem ungeheuren hydraulischen Druck.

Ihering: Mit einem Grad von Berechtigung sagt natürlich der anerkannte Schauspieler, daß seinetwegen das Publikum das

Theater besuche, daß also der Theaterunternehmer, wenn der Schauspieler nicht zu hoch bezahlt würde, seinen, des Schauspielers, Gewinn einstreiche.

Piscator: Geht man von den augenblicklichen Verhältnissen aus, so stimmt das nur begrenzt. In Wirklichkeit wird heute die Einnahme aufgefressen von der außergewöhnlich hohen Miete, den Stargewinnen, den Lustbarkeitssteuern und dergleichen mehr. Während bei früheren Berechnungen ein Drittel des besetzten Hauses den Gesamtetat erbringen mußte, muß man heute drei Viertel ansetzen. Im Westen ist kein Theater unter 200 000 bis 300 000 Mark Jahresmiete zu haben. Außerdem lastet darauf noch eine Menge anderer Ausgaben, darunter beträgt allein die Hauszinssteuer 40 000 bis 50 000 Mark. Erschwerend dabei ist der Kettenhandel.

Ihering: Ja, das muß das Publikum heute auch wissen.

Piscator: Abfindungen, die an den vorhergehenden Pächter bezahlt werden, werden immer abgeschoben auf den jeweils letzten Pächter. Das geht soweit, daß zur Zeit ein Theater mit einer Miete von 3 000 Mark pro Abend belastet ist, also über eine Million im Jahr. Infolgedessen klammert sich der Unternehmer an feste Größen. Feste Größen aber, glaubt er, sind die Stars. Sie bilden in Berlin ein großes Ensemble, und kein Unternehmer hat den Mut, ein eigenes aufzubauen.

Ihering: Sie selbst, Piscator, hatten diesen Mut aber auch nicht, trotzdem Sie doch gerade den Star entbehren könnten.

Piscator: Das stimmt teilweise. Nicht auf allen Gebieten kann ich experimentieren, trotzdem betrachte ich den Aufbau eines Ensembles als eins der wichtigsten Ziele meines Theaters, wenn auch nicht als erstes. In ein paar Jahren hoffe ich ein adäquates Ensemble zu besitzen.

Ihering: Ensemblespiel mit jungen Schauspielern drückte sich in der »Revolte« am schärfsten aus, und diese Schauspieler kamen doch größtenteils gerade von Ihnen. Sie sehen also, daß es seht gut gegangen wäre.

Piscator: Gewiß fiel Stoff und Darstellung hier besonders glücklich zusammen. Trotzdem gibt es eine Reife des Schauspielers, die nicht nur durch Temperament und Jugend ersetzt werden kann. Mit diesem Schauspieler müßte ich zum Beispiel den *Timon* arbeiten.

Ihering: Schön, der Star war ja von Anfang an nicht ein Star, sondern nur ein guter Schauspieler.

Piscator: Diese Qualität belastet heute aber das Geschäft durch Überbezahlung. Weder der prominente Darsteller noch der Theaterdirektor haben das Recht, des »Geschäfts« wegen die künstlerische Konsequenz zu beugen und diese zur Unterordnung unter ihre persönlichen Bedürfnissen zu zwingen.

Ihering: Was wollen Sie denn, Piscator? Diese Direktoren, Regisseure, Schauspieler glauben ja gar keine Charakterlosigkeit zu begehen. Das ist ihre Kunst.

Piscator: Gut, da also beide, Geschäft und Kunst, unlösbar verbunden scheinen, ist der heutige Zustand so zu fixieren: Eigentlich sollte von dem Geschäft als Vorbedingung doch nur soviel in einem Theater stecken, als es gerade braucht, um »Kunst« zu machen, während immer mehr ebensowenig Kunst gemacht wird, als es braucht, ein größeres Geschäft zustande zu bringen.

Ihering: Und ich bin der Meinung, daß letzte Konsequenz in der Kunst immer auch das Geschäft erzwingt. Wenn nun aber die ökonomischen Grundlagen des Theaters an sich schon so schwierig sind, wie verhängnisvoll ist dann erst der Gebrauch der Zensur, die sich in letzter Zeit wieder hervorgewagt hat.

Piscator: Giftgas, Pioniere in Ingolstadt.

Ihering: Wie muß sie die an sich schon kaum vorhandene Risikofreudigkeit des Theaterleiters hemmen, den Mut des Schauspielers, riskante Rollen zu spielen, lähmen, die künstlerische Schaffenskraft und Intuition des Autors von vornherein unterbinden. Haben Sie keine Angst, daß Ihnen im nächsten Jahr nicht auch Schwierigkeiten bereitet werden?

Piscator: Ich glaube nicht, daß man höheren Orts so töricht sein wird, gerade an der Kulturfront mit brutalen Gewaltmaßnahmen einen Kampf zu entfesseln, der nicht nur das Proletariat, sondern alle freiheitliche Gesinnten in den schärfsten Gegensatz zum Staat bringen müßte und eine dauernde, immer tiefere politische Beunruhigung schaffen würde.

Ihering: Aber die Zensur ist doch auf dem Marsche. Gerade der Durchbruch des aktuellen Theaters hat die Gegenkräfte auf den Plan gerufen. Geben Sie sich nur keiner Täuschung hin. Das Aufleben der Zensur ist doch nicht darauf zurückzuführen, daß man die Sittlichkeit schützen oder erotische Anzüglichkeiten verbieten will; man kämpft einen Machtkampf aus. Man will sich ein Instrument schaffen, um das Theater zu regulieren und in Abhängigkeit zu bringen. Darum weg mit jeder Theaterzensur, auch der verschleierten, Abbau der hohen Gagen und Neuregelung der Konzessionsfrage. Dieser Konzession, die auch eine Art Zensur sein kann, eine trockene Zensur, ein Druckmittel, um politisch oder künstlerisch Mißliebige vom Theater fernzuhalten.

Piscator: Was Sie sagen, ist vollkommen richtig, wenn Sie auf eine Gesundung des bürgerlichen Theaterbetriebes hinzielen. Für ein Theater aber, das seinem Ziel nach doch gegen die augenblickliche Form der Gesellschaft gerichtet ist, beginnt der tragische Konflikt in dem Augenblick, in dem es sich überhaupt mit den wirtschaftlichen Gegebenheiten der heutigen Zeit konfrontiert sieht. Hier eine Gesundung zu schaffen, ist nur möglich, wenn ein solches Theater von einem ihm weltanschaulich adäquaten Publikum, nämlich den arbeitenden Massen, getragen wird. Dieses Publikum aber ist – wie sich leider immer wieder herausstellt – heute noch wirtschaftlich zu schwach.

Ihering: Also ist der Faktor, der zuletzt auch die geistige Haltung des heutigen Theaters bestimmt, die Kaufkraft des zahlenden Publikums. Nun ist dessen Interesse am Theater ja allerdings wieder außerordentlich groß. Riesige Publikumsorganisationen, deren Mitgliederzahl Hunderttausende von Menschen umfaßt, sind neben der Volksbühne gerade in den letzten zehn Jahren entstanden. Man darf aber diese Publikumsmassierung nicht überschätzen, man darf sich nicht zufriedengeben und nicht etwa daraus folgern, daß das Theater wieder eine geistige Macht geworden ist. Eine geistige Macht ist das Theater nur dann, wenn es sich um die entscheidenden Dinge nicht herumdrückt; wenn es in die Zeit eingreift, wenn es zur Zeit Stellung nimmt, wie es das Theater in allen seinen großen Epochen getan hat.

Piscator: Eine geistige Macht? Es ist wohl gerade durch Ihre und unsere Arbeit wieder in den Mittelpunkt der Diskussion gerückt, von allgemeinem Interesse geworden. Aber ein Machtfaktor kann es nur sein, wenn seine Ziele wieder gesellschaftsführend sind. Solche Ziele hat die heute zahlende Schicht des Publikums nicht mehr, kann infolgedessen auch ihr Theater nicht mehr haben. Solche Ziele kennt nur noch das im Anfang dieses Gespräches analysierte Tendenztheater. Soweit das bürgerliche Theater wieder zu einem Scheinleben erwacht ist, verdankt es das in erster Linie der Kampferspritze, die es durch das politische Theater bekommen hat. Lassen wir das Unterhaltungstheater ruhig im Schatten dahinvegetieren. Der Weg zum großen Drama, zum großen Kulturtheater, zu den großen künstlerischen Formen überhaupt, geht nur über die Auseinandersetzung mit den großen politisch-ökonomischen Problemen, die zur Umwälzung aller Verhältnisse zwischen Mensch und Welt führt.

1929

Das Zeittheater in der Krise

In der noch eben so breiten Bewegung, das psychologiedurchwachsene Gesellschaftsdrama der bürgerlichen Welt in eine dramatische Gestaltung der Zeitprobleme bis zu einem eindeutigen politischen Theater zu bringen, klafft bereits ein bedeutsamer Riß. Das Tempo in der Krisenentwicklung der bürgerlichen Gesellschaft hat scheint's zu viele Kräfte des Theaters gebunden, um eine bewußte Linie in der Entwicklung des Dramas aufrechterhalten zu können. Mit anderen Worten: die politische Gegenwart verlangt eine zu scharfe und völlig eindeutige Stellungnahme, als daß die bisher beliebte allgemeine Vertarnung im Künstlerischen länger aufrechterhalten werden könnte. Das hat überraschend schnell zur Folge gehabt, daß die Befürworter des Zeittheaters, insbesondere im Lager der patentiert fortschrittlichen Kritiker, schwankend geworden sind, daß die anfangs so imponierende Zahl der Mitläufer geringer geworden ist und daß allenthalben aus dem Kreis dieser schwankenden Gestalten der Ruf ertönt nach dem Rein-Geistigen als letztem Ziel dramatischer Produktion. Die Erschütterung des Menschen im Raum, »transzendental« gemeint und verlangt, wird wieder auf den Schild gehoben; das Private im Drama der Gegenwart wird neu entdeckt, das Zeittheater des Einzelnen und ähnliches mehr. Das Nur-Gemüt geht wieder um. Es ist erstaunlich, mit wie wenig geistigem Anspruch dieser Schwindel einer Kulturreaktion diesmal aufgeputzt wird.

Wir sind also in Berlin glücklicherweise wieder beim Stimmungstheater angelangt. Bezeichnend ist es, daß ein Theater wie die alte Volksbühne sich zum Träger dieser rückschrittlichen Tendenz macht. Es ist für mich nur verständlich, wenn auch bedauerlich, festzustellen, daß ein Theater wie die alte Volksbühne mit *Mississippi* und *Liliom* sich zum Schrittmacher dieser Tendenz aufschwingt. Dieser Verfall, ihre schwindende Gefolgschaft wieder mit Stimmungen festzuhalten und einzufangen, wirkt um so peinlicher, als diese Volksbühne seinerzeit gegen die Zerredung von Gegenwartsproblemen in blutlose spekulative Philosophie gegründet worden ist. Der Weg in den Sumpf solcher Stimmungsdramatik ist diesmal nicht mit guten Vorsätzen gepflastert, sondern mit Verdrehungen und böswilligen Mißverständnissen. Man kann es nicht anders bezeichnen, wenn ein bekannter Kritiker in einem Aufsatz über »Regisseur-Grenzen« die Sache so darzustellen sucht, als gäbe es irgendwo eine Gesetzmäßigkeit, die der Arbeit einer Darstellung dramatischer Produktion auf der Bühne zugunsten einer ungestörten Auswirkung gewisse Schranken setzt, d. h. politisches Theater und Zeittheater, dieses sogenannte Dichterische, gründlich mißzuverstehen. Vielleicht besteht überhaupt in der Auffassung des »Spielwarts« und der »Spielanordnung« grundsätzliche Verschiedenheit. Für ein privates Spiel aus der verstaubten Kiste der Großväter zeitdramatischer Produktion mag es angängig sein, um den Stil der Pietät nicht zu stören, die Spieluhr nach der eingebauten Mechanik ertönen zu lassen; für Gegenwartsdramatik aber kann man damit nicht auskommen. Um Zeitprobleme dramatisch für die Bühne zu gestalten in ihrer ganzen Dynamik für den Zuschauer, in ihrer Forderung, dem Zuschauer die Probleme näher ins Verständnis zu bringen und bewußt zu machen, erfordert es andere Stilgesetze, eben jene neuen dramatischen Mittel, die zum Rüstzeug des politischen Theaters gehören und nicht mehr von ihm zu trennen sind. Man kann sie ablehnen und sich bewußt für das alte Theater erklären, aber man kann nicht mehr einfach augenzwinkernd nach einer neuen Zeit darüber herumreden. Daß dieser Riß in der Zeittheater-Bewegung so klaffend geworden ist und daß die Mitläufer so zahlreich auf der Strecke bleiben, das ist im Grunde genommen doch mehr ein Gewinn.

Denn in diesem politischen Zeittheater bildet der dramatische Autor, der eine geschlossene private Spielhandlung bringt, nur einen Teil. Er ist ein Helfer, er liefert – grob gesagt – den Stoff, wie vergleichsweise etwa einem Komponisten ein Dichter das Libretto liefert. Aus diesem Stoff baut sich konstruktiv produzierend die Spielanordnung auf. Der Stoff, nach einer epischen Führung gestaltet oder nach einer Tiefe aus psychologischen Zusammenhängen, wird dramatisch durch die Inszenierung in Bewegung gesetzt. Er gewinnt Leben durch bestimmte Theatermittel, im Falle der gegenwärtigen Aufführung beispielsweise durch das Plakat. Von der Durchdringung des Stoffes sind die Theatermittel abhängig. Der Stoff wird verbreitert, er wächst aus der privaten Spielhandlung in die Beziehung zur Gesellschaft, in Beziehung zu den nationalen Auseinandersetzungen und in die Gegenwart der Auseinandersetzungen der Klassen. Das bedeutet neben der äußeren Form eine vertiefte Sprachgestaltung und eine veränderte Sprachführung.

Die Rufer nach dem transzendentalen Stimmungstheater werden mir darin recht geben, daß der oben angedeutete Stil bestimmte Veränderungen des Stoffes und der dramatischen Stoffgestaltung automatisch nach sich ziehen *muß*. Es ist eben ein Mißverständnis anzunehmen, als handle es sich nur um die Frage: auf der einen Seite steht der Stoff, auf der anderen Seite die Inszenierung. Beide sind nicht voneinander zu trennen. Die Darstellungsform des politischen Theaters ist zwangsläufig an eine bestimmte Form des Stoffes gebunden. Daher rührt auch meine so oft betonte Forderung, daß nur durch eine *gemeinsame* Arbeit des Autors mit dem Regisseur ein dramatischer Stoff für die Zwecke des politischen Zeittheaters gestaltet werden kann. Darin kann es keine Gesetze gegenseitiger Abmachung geben, und ein Autor, der den Stilnotwendigkeiten des politischen Theaters sich nicht einfügen kann, gehört eben da nicht hinein. Merkwürdig übrigens, daß keiner der Autoren, die von mir zur Mitarbeit herangezogen worden sind, sich nachher die Mühe genommen hat, die für meine Inszenierung benutzte Fassung nachträglich wieder zu verändern.

Ich habe die besondere Genugtuung, gerade bei dieser Aufführung darauf hinweisen zu können, daß der Autor sehr wohl an dem konstruktiven Aufbau der Inszenierung produktiv mitzuwirken berufen ist. Friedrich Wolf hat von Anfang an mitgearbeitet. Er hat den von ihm ursprünglich mitgebrachten Stoff ständig durchgeknetet, um ihn in den Stilwillen der Inszenierung einzuordnen. Er hat geradezu vorbildlich dieser Arbeit die jeweils notwendige dichterische Anregung zugeführt. Ich hoffe, daß das Beispiel dieser Zusammenarbeit endlich mit diesem läppischen Gerede Schluß machen wird, daß die Regie Autor und Stoff vergewaltigt.

Ich möchte auch nicht vergessen, darauf hinzuweisen, daß die Stilnotwendigkeit des politischen Theaters den Schauspieler vor ganz besondere Aufgaben stellt. Die sozusagen private Spielhandlung ermöglicht dem Schauspieler, sich privat zu spielen in der Sprache und in Gesten. Die Verbreiterung der Handlung ins Geistig-Plakatierte, ins Bewußte und ins Politische verlangt vom Schauspieler bestimmte Voraussetzungen. Der Schauspieler soll ja die geistigen Inhalte, die sozusagen in der Handlung zu Diskussionspunkten herausgeschält werden, übermitteln, die wie eine dramatische Figur dynamisch gegeneinander wirken sollen, sozusagen im Rahmen einer neuen, über die eigentliche hinweggespannten zweiten Spielhandlung. Ich muß an dieser Stelle den Schauspielern, die mit mir zusammen dieses Stück erarbeitet haben, für die Aufopferung, mit der sie mir gefolgt sind, besonders danken. Eine solche Inszenierung erfordert den Typ eines geistig geschulten Schauspielers, der zudem gewillt sein muß, Sprache und Gesten gegen die oft naheliegende Verlockung des Sich-Ausspielens im Privaten der Notwendigkeit einer rein dialektischen Dialogführung unterzuordnen. Die Hingabe, mit der meine Mitarbeiter sich dieser Aufgabe unterzogen haben, verdient an dieser Stelle besonderen Dank.

Ich gebe zu, daß die Plattform des politischen Theaters in der Gegenwart schmaler geworden ist, dafür hat sie an innerer Schärfe der dargestellten Probleme gewonnen. Sie ist bewußter geworden. Es wird davon abhängen, daß die bewußt geschulte politische Masse, auf die sich das politische Theater stützen muß und stützt, bereit ist, auch weiter dieses Theater zu tragen. Wir sind ja als Mitarbeiter dieser Bewegung alle nur Exponenten des gleichen Willens. Auch darin steht das politische Theater an einem Scheidewege: ist es schon seine verschwommenen Mitläufer im bürgerlichen Lager losgeworden, so muß es auch auf die eindeutige Unterstützung der am kulturpolitischen Kampf interessierten Schicht im eigenen Lager rechnen. Von der Breite dieser Unterstützung und von der Eindeutigkeit derselben ist die Wirkung abhängig. Ein Kampf, der nur vereinzelt geführt wird und vorzugsweise als Abwehr, kann nicht sehr weit nach vorn getragen werden. Sonst schlägt zwangsläufig wieder der Schwung zurück zur individualistisch betonten Einzelleistung, in der sich jahrzehntelang die Theorie von der künstlerischen Leistung erschöpft hat.

1931

Theater und Kino

Mehr und mehr zeigt sich eine lebendige Wechselwirkung der beiden Kunstformen Theater und Film, wobei nicht ausschließlich die eine Gattung von der anderen abhängen muß oder inspiriert zu werden braucht. Es wäre z. B. falsch zu sagen, daß die immer stärker in den Vordergrund tretende »epische« Form des Theaters ihre Entstehung der zwangsläufig epischen Form des Films verdanke, denn schon Shakespeare zum Beispiel hat eine im Grund rein epische Form des Theaters bevorzugt. Um epische und dramatische Form voneinander zu unterscheiden, muß man sich vergegenwärtigen, daß die erste erzählt, berichtet, unter Hinzuziehung aller auch außerhalb der dramatischen Handlung liegenden Ursachen, ein breites Gemälde entwickelt, während die letztere sich auf die dramatische Entwicklung beschränkt, d. h., sie erzeugt dramatische Werke (Theaterwirkungen) lediglich auf Grund theatermäßiger Gesetze, die am prägnantesten in dem französischen bürgerlichen Theater angewandt wurden, in dem bekanntlich noch bis 1900 etwa eine strenge Akteinteilung gefordert wurde, ein Schauspiel durfte nicht mehr als drei oder fünf Akte haben. Es gab also ein dramatisches Spielgerüst, eine Dramenkonstruktion, das aufgerichtet wurde nach einem Schema, und dieses Schema wurde allein bestimmt von der gesellschaftlichen Form des Theaters (der bürgerlichen). Das Gesellschafts-(bürgerliche) Stück bestimmt neben dieser Gesellschaft selbst auch die architektonischen Formen des Theaters, die scharfe Trennung von Bühne und Zuschauerraum und die Öffnung der Bühne nur nach einer Seite hin. Sowohl die uns bekannte Shakespeare-Bühne wie auch die Spielgerüste, die die mittelalterlichen Mysterienspiele hatten, oder gar die Arena-Bühnen der Antike kennen eine solche scharfe Abtrennung nicht. Und wir sehen auch, daß Dichter, die nicht nur Theaterschriftsteller sind, sondern weltanschaulich bestimmt werden können, immer die engen Formen der bürgerlichen Bühne gesprengt haben und andere Voraussetzungen forderten. Goethe hat nicht ein Stück geschrieben, das den Formen des Theaters seiner Zeit entsprach. Aber es würde zu weit führen, hier diese Analyse über die sich scharf voneinander abhebenden Formen des Theaters weiter auszuführen, nur soviel wollte ich damit feststellen, daß das, was wir eigentlich die dramatische Form des Theaters nennen, ausschließlich nur in einer sehr begrenzten Gesellschaftsform Bestand hat, nämlich dann, als das Bürgertum allein regierte. In dem Augenblick aber, in dem das Proletariat mitbestimmend in die Geschichte des Theaters eintrat, muß sich wiederum seine Form verändern. Um so mehr als das Proletariat nicht, wie oben ausgeführt, nur eine breitere Weltanschauung mitbrachte, sondern es brachte sich sozusagen selbst mit, es mußte dominieren, und zwar nicht wie ein Shakespearescher Held (*Hamlet*) oder ein Goethescher (*Faust*), sondern sein Held war selbstverständlich die Masse. Da aber Massenschicksale, soweit sie nicht chorisch dargestellt werden, keinen genügend realen Boden für das Theatererlebnis abgeben, so erscheint die Masse aufgelöst in viele sich ergänzende Einzelschicksale. (Wir erhalten Massen, daß ein etatgebundener Theaterdirektor nur mißbilligend den Kopf schütteln kann.) Aber auch diese Masse kann nicht völlig schildern, was sie bewegt, wovon sie abhängt, welches ihr eigentliches Schicksal ist. Vielgestaltiger, gewaltiger Hintergrund, nur in Dialogen ausgedrückt, macht sie zu Papiermenschen, sie sprechen Literatur, und wenn es hochkommt, Parteiliteratur. Sie bewegen sich vor Hintergründen, die wir eigentlich genau kennen müßten, die aber – da sie so vielzählig sind – nur angedeutet werden und die infolgedessen fast durchweg ihre Realität verlieren. Während früher in bürgerlichen Theatern, vor allen Dingen in der Zeit des Naturalismus, jedes Detail auf das genaueste ausgeführt war (in Deutschland wirkte sich dieser Naturalismus auf der Bühne sogar den Klassikern gegenüber in der Form aus, daß man antike Architektur und Möbel usw. auf das genaueste ihrer historischen Zeit nachmachte – Meiningerei), löst die notwendig gewordene »epische« Form die frühere Akteinteilung auf in unzählige Einzelbilder, die rauminhaltlich nebeneinander bestehen müssen, die aber auseinandergerissen werden eben durch den Wechsel der Spielplätze und abstrahiert werden von der Realität dadurch, daß man diesen Spielplätzen nur einen andeutenden Charakter geben kann. Daß also gerade das vernachlässigt wird, was bei uns zu einem der notwendigsten Bestandteile werden müßte, nämlich *die Realität der Umgebung des Menschen.* Dabei kann bekanntlich eine noch so gut ausgeführte Dekoration diese Realität nicht geben. Eine Menge von

Beispielen gibt es dafür: ein Maschinensaal z. B., eine Straße, ein Fluß. Mit welcher Leichtigkeit gelingt dies dem Film mit den spärlichsten Mitteln.

Aus den oben angedeuteten, selbstverständlich nicht vollzähligen Gründen, habe ich kurzerhand den Film in das Theater einbezogen. Ein großes Geschrei erhob sich darob, das sei nicht künstlerisch, lebender Mensch und Film seien zwei Dinge, die nichts miteinander zu tun hätten (auf meine Frage, was denn die alte perspektivische Kulisse usw. gewesen sei, erhielt ich nie eine Antwort), kurz, ich war ein Kunstbanause und kein Kunstästhet. Aber die Wirkung dieser Experimente haben nicht nur ich, sondern große Massen des Publikums gespürt. Und sie dürften darum in revolutionären Theatern nicht nur Experimente bleiben. Bei den heutigen Zuständen im Ausland ist eine solche Revolution des Theaters (seiner Architektur, seiner Technik und Form) nicht mehr durchzuführen. Das Theater der Bourgeoisie ist im Verfall, und soweit es sich zu Experimenten aufrafft, dienen diese dazu, dem Sensationsbedürfnis zu genügen, und zerfallen mit ihm. Stücke mit Filmverwendung sah ich bei Meyerhold, Tairow, im Revolutionstheater, im TRAM, aber nirgends in der oben gedachten, in meinen Arbeiten zum Teil schon zur Verwendung gekommenen Ausführung. Man macht sich scheinbar noch keine rechte Vorstellung von der Konsequenz dieser Revolution der Bühnen. Auch kennt man wahrscheinlich nicht die auf dem Gebiet der Projektions- und Beleuchtungstechnik gemachten Erfindungen. Man kann heute schon Rundhorizont und Teile der Bühne unter eine Projektion setzen, die tatsächlich wie ein plastisches Bühnenbild erscheint und durch Praktikabel-Aufbau ergänzt wird, und man kann aus diesem Standbild (stehenden Bildern) den Film herauslösen und ihn wieder überführen. Dabei kann der Film verwandt werden als ein die dramatische Handlung unterstützender, weiterführender oder vorauseilender Faktor oder berichterstattender (Reportage), und er kann auch ganz einfach als lebende Filmkulisse (Fotomontage) dienen (Meer, Betrieb, Straße). Oder wie George Grosz es in seinem ausgezeichneten Grotesk-Trickfilm zu meiner Inszenierung des *Braven Soldaten Schwejk* gezeigt hat.

Und so komme ich zum Film. Er, anders als das Theater, ein direktes Kind der Technik, wird gar nicht danach gefragt – nicht er, die technischen Erfindungen gestalten ihn, gaben ihm eine neue technische und somit auch eine neue künstlerische Form. Im Ausland gibt es z. B. gar keine Diskussion darüber, ob ein Film stumm oder mit Ton gedreht werden soll. Es gibt überhaupt keine stummen Filme mehr. Hier schreitet die Technik viel schneller als die künstlerische Entwicklung. Und während man wirklich noch gar nicht die Ausschöpfung aller Möglichkeiten des stummen Films beendet hatte, kam die Erfindung des Tonfilms und stellte neue und völlig anders geartete Gesetze auf. Und diese Gesetze ähneln den Gesetzen, die auch heute das Theater als für es selbst bestehend anerkennen muß und dessen Grundsätzliches eben im »Epischen« liegt. Der bürgerliche Tonfilm geht bereits (und naturgemäß viel schneller) die Wege des Theaters nach beiden Seiten hin, sowohl zur epischen Form (seiner natürlichen) wie auch zur dramatischen. Einzelne Filme wie z. B. die der deutschen Schauspielerin Elisabeth Bergner sind schon reines dramatisches Theater (Kammerspiel mit drei Personen), und fast alle Tonfilme sind dem Theater nachgemachte Reißer oder Operetten (verfilmtes Theater) – und ermangeln somit gerade dessen, was ihnen einen besonderen, vom Optischen bestimmten Wert zuführen wird, nämlich des Stils, den allein das Epos besitzt. Allerdings hat die ausländische Filmproduktion trotz ihrer hohen technischen Qualität entsprechend ihrer Klassenzugehörigkeit keinen Charakter – oder besser keinen außer ihrem Klassencharakter –, so daß sie tatsächlich unfähig ist, auch mit diesem Mittel (Tonfilm) Kunst zu schaffen. Für die Sowjetunion ist der Tonfilm neuer, aber auch prinzipieller – wenn auch bisher meines Erwachtens nach nicht weit genug vorgestoßen wird: die bisherigen Tonfilme sind nach Anlage, Technik usw. stumme Filme mit Ton – aber keine, in denen der Ton schon eine eigene Gestaltung von demselbem Wert und derselben künstlerischen Selbständigkeit erhalten hätte. Aber das wird mit der Beherrschung der Technik von selbst kommen – und dann dürfte der Charakter des Sowjetfilms klarer und entschiedener die Gesetze des Tonfilms erfüllen als der bürgerliche Film.

Auf jeden Fall ist mit dem Tonfilm eine Annäherung beider Kunstelemente eingetreten, deren Wechselwirkung noch gar nicht abzusehen ist. Eine reine Kunstgattungen-Scheidung genügt nicht – denn auch der Schauspieler tritt mehr als bisher in das Zentrum des Tonfilms. Die technischen Erfindungen aber kommen beiden zugute und bieten beiden ungeheure Möglichkeiten. Man soll darum nicht heute schon gegen die Technik im Theater wettern, wie das geschehen ist – das Theater hat sich ihrer bis heute noch gar nicht oder doch nur in völlig unzulänglicher Weise bedient.

Die Technik des Theaters der Massen, sein Theaterbau und seine Theaterarchitektur, sie werden bestimmt von der Aufgabe, eine Umwelt zu zeigen in einer Großartigkeit und Vielgestaltigkeit, wie sie nur wirklich in diesem Lande möglich ist, einem Lande, das Gegenwart und Zukunft gestaltet nach neuen, niemals vorhanden gewesenen Gesellschaftsformen. Ein maschinelles Standardtheater, das in der Lage ist, die völlige Einheit von Bühne und Zuschauerraum herzustellen. (Zu loben ist neuerdings der Versuch des Regisseurs Ochlopkow im ehemaligen Realistischen Theater. Der Versuch bleibt allerdings im Technischen stecken, da er gerade das Wichtigste – denn er kann ja nur Mittel zum Zweck sein –, die Einheit der Schauspieler und Zuschauer und die Einbeziehung der letzteren in den dramatischen Hergang, nicht erreichte.) Gerade die maschinelle Technik muß ermöglichen, ein mitreißendes Tempo anzuschlagen, wie wir es vom Film und Dnjeprostroi her gewöhnt sind. Die klassenlose Gesellschaft braucht ein anderes Theater – sie selbst wird dem Theater eine andere Form geben – und ich glaube nicht, daß die großen Erfindungen eine geringe Bedeutung dabei haben werden, wie es heute den Anschein hat – sowenig wie andererseits der Tonfilm nicht nur davon leben wird, daß er eine technische Erfindung ist – hierin hat die große Dichtung ein adäquates herrliches Instrument wie das Theater selbst (bei vollendeter Technik), man muß es nur zum Klingen bringen.

Darum: Heraus aus jeder einseitigen Erstarrung. Gegenseitige Bereicherung, mutiges lebendiges Anfassen (keine Angst vor der Technik) – und größere Perspektiven!

1933

Das Theater der Zukunft

Wie wird es aussehen, dieses Theater der Zukunft?

Prophezeiungen sind immer eine riskante Sache, und in einer Periode, die so chaotisch wie die unsere ist, erfordert es schon echte Verwegenheit, die Entwicklung des Theaters oder einer anderen Kunstform vorauszusagen. Doch fühle ich mich in den Schlußfolgerungen meines Ausblicks durch gewisse Erfahrungen bestärkt, die ich sammelte, als ich mich in einer Zeit zurechtfinden mußte, die der unseren sehr ähnlich war.

Es ist das zweite Mal in einer Generation, daß wir auf die überwältigende Tragödie des Krieges schauen. Ich war ein »verheißungsvoller« junger Schauspieler, als der Erste Weltkrieg ausbrach, ein Schüler der eleganten Schule des fin de siècle. Ich wurde zur Infanterie eingezogen. Der Krieg war mir so verhaßt, daß ich mich nach dem bitteren Zusammenbruch von 1918 dem politischen Kampf um einen dauerhaften Frieden verschrieb.

Heute sehe ich dem Krieg als Zuschauer zu. Ich bin nicht allein. Es gibt Tausende und Abertausende in meiner Lage, die ebenfalls mit tiefster Besorgnis zuschauen. Doch sind wir wirklich die einzigen Zuschauer? Dieser Zuschauerraum, von dem aus wir beobachten, dieses schöne Land, in dem so viele von uns Zuflucht gefunden haben, ist ein warmer und freundlicher Ort. Doch die Szenerie, die wir betrachten, ist kalt und schrecklich, und das Stück ist ein Drama voll brutaler Gewalt. Romain Rolland zitierte in seinem Vorwort zu *Robespierre* Napoleon: »Die moderne Politik ist unser Schicksal.« Dies ist das ernste Thema, das den Künstler heute angeht, denn dem Schicksal des Menschen gilt des Künstlers höchste und einzig wahre Anteilnahme.

Wenn wir also aus Gründen der Perspektive auf das Theater zurückschauen, so können wir fragen: Welche Lehren hat der Erste Weltkrieg erteilt?

Stücke, die den Krieg zum Inhalt und Thema hatten, erreichten erst ein Jahrzehnt nach Beendigung der Kämpfe und später ein breites Publikum. Doch die Wirkung der Kriegserlebnisse, der physisch und emotionell gesteigerte Grad der Erfahrung fanden ihren unmittelbaren Niederschlag in einer Revolutionierung der dramatischen Form. Das Theater sagte sich vom Naturalismus los. Die Autoren verwarfen den plot der dreiaktigen Salonstücke und schrieben Stücke mit zehn, zwanzig, vierzig Staccato-Szenen. Die Charaktere wurden zu Typen. Das Publikum wurde durch provozierende Dissonanzen und gebrochene Rhythmen in das Stück einbezogen. Die äußeren Formen des neuen Theaters waren gegen sämtliche Konventionen und Dogmen der Vergangenheit gerichtet. Elmers Rice' *Rechenmaschine* brachte einige dieser Techniken nach Amerika. Sie wirkten vor allem als sensueller Reiz.

Als Reaktion auf diesen Expressionismus folgte, obwohl technisch gesehen eine Entwicklung daraus, das epische Theater. Das Wort »episches Theater« bezieht sich im besonderen auf eine Art Theater, die in Deutschland nach dem Expressionismus entstand. Es wäre am einfachsten damit zu erklären, daß es wie ein Roman ist, indem nicht nur die dramatische Handlung dargestellt, sondern auch beschrieben wird, welche sozialen und politischen Umstände das moderne Schicksal bestimmen. Dafür waren jedoch gewisse technische Mittel notwendig, die auch entwickelt wurden, wie Projektionen, Filme, Schrifttafeln, laufende Bänder sowie Chöre und Sprecher. Auf diese Weise wird nicht nur die dramatische Handlung, sondern auch ein Kommentar zu ihr geboten. So demonstriert das epische Theater das Leben, statt vorzugeben, das Leben zu sein. Es will Theater sein – doch im höheren Sinne, als Darstellung von Ideen, nicht von privaten Beziehungen. Das epische Theater zielte darauf ab, die emotionelle Wirkung seines neuen Stils durch rationalen Inhalt zu ergänzen, das Symbolische ausführlich darzustellen und auch eine einfache klassische Schönheit zurückzugewinnen, welche die Expressionisten fälschlicherweise als »hübsch« abgetan hatten, als sie sich gegen das Theater alten Typs wandten.

Im Unterschied zum konventionellen Problemstück war das epische Theater nicht damit zufrieden, Situationen bloß anzudeuten, eine Moral durchblicken zu lassen und dann das Publikum seinen eigenen Schlußfolgerungen zu überlassen. Diese Phase des Theaters stellte eine dramatische Situation dar, bezog mittels verschiedener theatralischer Techniken die Zuschauer in die Entwicklung des Konflikts ein und führte zur Schlußfolgerung als der natürlichen dramatischen Lösung hin. Da die ausgewählte Situation aus dem Leben gegriffen war, forderte die Lösung vom Publikum eine aktive Haltung nach Verlassen des

Theaters. Es mag scheinen, dies sei reine Propaganda, sei ein Mißbrauch der Kunst zu politischen Zwecken. Ich kann nur auf die äußerst bewegenden und dramatischen Aufführungen der sogenannten Lebenden Zeitungen durch das Federal Theatre hinweisen, wie sie in verschiedenen Teilen des Landes gezeigt werden.

Die Lebende Zeitung zeigte nur einen Aspekt des epischen Stils. Das wirklich epische Theater bereicherte seine Fakten durch explizierte Philosophie. Der Sprecher war kein desinteressierter Kommentator, sondern eine eng mit der Bühnenhandlung verbundene Figur. Der epische Stil forderte eine Handlung, die gleichzeitig persönlich und symbolisch, ein Thema, das offen didaktisch und zugleich dramatisch ist. Er machte sich die im Theater bereits vorhandenen technischen Mittel zunutze und fügte die so weit wie möglich auch technischen Erfindungen der industriellen Welt hinzu. In den Aufführungen, an denen ich mitarbeitete, benutzten wir Filmprojektionen als eine Art des klassischen Chors. Tatsächlich wurde der Film nicht nur verwendet, um einen gemalten Hintergrund zu ersetzen, sondern um eine dynamische und flüssige Welt für die Bühnenhandlung zu schaffen. Ein erfolgreiches Beispiel dafür war die Gefängniszelle in »Hoppla, wir leben!«. Statt des konventionellen, feststehenden Eisengitters um die handelnden Personen benutzten wir eine doppelte Filmprojektion auf Gazeschleier; die Figur eines Postens schritt von rechts nach links; und darüber die eines Aufsehers, klein in der Perspektive, riesig vorn an der Rampe. Die beiden Projektionen schufen eine dreidimensionale Welt um die Figuren und gaben der Handlung ihre echte Tiefe.

Ein weiteres Beispiel für das dynamische Element im epischen Theater war das laufende Band, das wir im *Soldaten Schwejk* benutzten. (Kein Lebende-Zeitung-Stück, sondern meine eigene, auf dem Roman Hašeks basierende Bearbeitung.) Das laufende Band erlaubte Schwejk, sichtbar wie geistig, durch eine satirische Odyssee des Krieges zu wandern. Er bewegte sich volle fünfzehn Minuten auf dem laufenden Band, erzählte dabei laut, unterhielt sich mit Wanderern, ging durch eine sich ständig ändernde Landschaft, umspäht von den karikierten Gesichtern riesiger Polizisten, die über die Baumwipfel schauten.

Die epische Bühne erschloß Auge wie Ohr eine neue Dimension. Musik und Geräusche, von besonderen Instrumenten erzeugt, erhöhten nicht nur die stimmungsmäßige Wirkung, sondern erlaubten einer Figur, ihre innersten Gedanken auszudrükken, ohne das konventionelle und unüberzeugende »Beiseite-Sprechen« des älteren Theaters. Der Zuschauer erhielt Einblicke in die Figur mittels Kunstgriffen, die neue Welten akustischer Illusionen schufen und dem begrenzten Umfang der Stimmen des Schauspielers ohne Übertragung und Verstärkung weit überlegen waren.

In dem Maße, wie sich der epische Stil entwickelte, eignete sich die Bühne architektonische und bauliche Mittel von neuer und kühnster Erfindung an. Meyerhold entwickelte seine Biomechanik, die den Schauspielern erlaubt, kennzeichnende Bewegungen zur Veranschaulichung der Ideen beizutragen. Ein Bühnenaufbau mit wechselnden Spielflächen kann ohne weiteres Rolltreppen enthalten, auf denen der geübte, erfahrene Schauspieler die Dynamik seiner Worte mit der größeren Visuellen und akustischen Dynamik des Stückes in Übereinstimmung bringt.

Und doch, trotz der Verwendung aller dieser technischen Mittel im Dienste des künstlerischen Ausdrucks, das ideale Theater wurde nie geschaffen, das vollkommene Theater für das epische Stück, für alle Stücke der Zukunft, es wurde nie gebaut. Zusammen mit Dr. Walter Gropius habe ich einen Plan für ein modernes Theater ausgearbeitet, in dem die Zuschauer, auf einer langsam routierenden Drehscheibe sitzend, im Ablauf des Stückes an drei Spielflächen vorbeibewegt werden. (Dr. Gropius ist jetzt in der Architekturabteilung in Harvard. Er war ein führender Architekt Berlins, verantwortlich für einen Großteil der modernen Stadtplanung, wie sie in den Jahren vor dem Zweiten Weltkrieg ausgeführt wurde. Als Leiter des bekannten Dessauer Bauhauses, dieser berühmten Schule der angewandten Künste, war er ebenfalls verantwortlich für viele moderne Bauten Europas.)

Das Theater mit dem drehbaren Zuschauerraum wurde entwikkelt, weil die Zuschauer, so empfinde ich, für das Stück genauso wichtig sind wie die Schauspieler selbst. Man stelle sich, wenn möglich, ein Stück vor, das in einem leeren Theater aufgeführt wird! Das Ziel des Theaters ist es, den Zuschauer in die Handlung einzubeziehen, und die Geschichte des Theaters ist einfach die Geschichte des größeren oder kleineren Erfolges in der Illusion, das Publikum habe am Stück teilgenommen.

...

Als ich in die Vereinigten Staaten kam, war ich erfreut zu sehen, wieviel bereits vom Theater dieses Landes geleistet worden ist. Doch wie Robert Edmond Jones in seinem Buch *Imaginations in the Theatre* bemerkt, ist es nicht das Theater, sondern das theaterliebende Publikum, das in seiner Einschätzung der hohen Möglichkeiten des Theaters etwas zurückgeblieben ist. Vielleicht liegt der Grund im Fehlen eines großen treibenden Bedürfnisses, an lebenswichtigen und gemeinschaftlichen Erfahrungen teilzunehmen. Doch ein Wandel wird bald kommen. Der Anstoß, der von den Verteidigungsanstrengungen ausging, hat jeden Amerikaner hellhörig für die politischen und sozialen Konflikte gemacht, die jeder Phase des persönlichen wie öffentlichen Lebens zugrunde liegen. Das amerikanische Volk wird täglich aktiviert durch ein großes und wachsendes Bedürfnis nach gemeinsamer Verständigung und geistiger Erfahrung.

Das Bedürfnis nach gemeinsamer Erfahrung ist die Grundlage für ein echtes Theater in allen Zeiten. Das potentielle amerikanische Publikum wird ein Theater fordern, das sich mit angemessenen und großen Gegenständen beschäftigt, das sich durch Originalität, Kraft und vor allem dramatische Intensität beweist.

Ich bin sicher, daß das Theater der Zukunft die Entschuldigung, es könne nicht mit dem mechanisierten und kommerzialisierten Film konkurrieren, zurückweisen wird. Denn das zukünftige Theater wird nicht länger versuchen, das Publikum auf der Anfangsstufe realistischer Darstellung zu fesseln, die die Methode des Films ist. Statt dessen wird es sich eine poetische Kraft aneignen (wird sie sich aneignen müssen, wenn es schöpferisch sein will), eine Kraft, bestimmt für die Massen, nicht wie früher nur für die wenigen Auserwählten. Jede große Kultur hat ihre schöpferischen Quellen in allen Klassen des Volkes. Die Aufgabe des zukünftigen Theaters dieses Landes wird es sein, die technischen Hilfsmittel moderner Erfindung in den Dienst des großen, unbewußten, poetischen Geistes der Massen zu stellen. Das zukünftige Theater wird dem gesprochenen Wort mit all seiner natürlichen und ihm eigenen Poesie wieder seinen alten Platz verschaffen und seine dramatischen Möglichkeiten im Rahmen unserer eigenen Zivilisation erkunden. Es wird untergebracht sein in eigens für seine Zwecke entworfenen Gebäuden und Unterstützung finden durch ein kritisches und ernsthaft anteilnehmendes Publikum.

Es wird ein Kind der Vernunft sein, von einer eigenen, besonderen, festlichen Schönheit – eine gerundete Welt mit ihren Schrekken und Freuden, und mit einer ganzen Gesellschaft fröhlicher und nachdenklicher Narren von Aischylos bis auf unsere heutige Zeit. Das Theater der Zukunft wird eine Provinz menschlichen Verhaltens sein, ein Mittel zur Darstellung aller großen Probleme und Ideen. Es wird eine neue Reife erreichen, eine Synthese der Künste, und es wird ein unvergleichliches Instrument für den Ausdruck allen menschlichen Erlebens und Denkens sein.

1942

Objektive Spielweise

Sie möchten also Schauspieler werden? Lassen Sie mich Ihnen zuerst eine kleine Geschichte erzählen, die vor gar nicht langer Zeit ein junger Schauspieler erlebte. Der junge Schauspieler war niemand anderes als ich selbst. Ich war gerade 17 Jahre alt. Es war meine erste Berührung mit der Wirklichkeit: dem Krieg.

Wir waren nach Ypern vorgestoßen. Die Deutschen hatten gerade mit ihrer Frühjahrsoffensive von 1915 begonnen. Zum erstenmal wurde Gas verwendet. Die englischen und die deutschen Geschütze dröhnten gegen die trostlosen, grauen Himmel. Unsere Kompanie war fast bis zum letzten Mann vernichtet. Wir brauchten dringend Ersatz. Fortwährend wurden wir zwischen Reservestellung und Frontlinie hin und her gejagt. Als die ersten Granaten fielen, wurde der Befehl gegeben, nach vorn vorzurükken und sich einzugraben. Während es den anderen gelang, schaffte ich es nicht. Der Kommandeur kam zu mir gerannt und schrie: »Um Gottes willen, vorwärts!« »Ich kann nicht«, antwortete ich. Ungeduldig wollte er wissen, was ich vor dem Krieg gewesen sei. »Schauspieler«, antwortete ich.

Angesichts der berstenden Granaten erschien mir das Wort »Schauspieler«, das ich mühsam hervorstieß – dieser Beruf, um den ich gekämpft hatte, mein Ideal vom Theater, das für mich das höchste und wesentlichste Ziel gewesen war –, so dumm, so lächerlich, so falsch und der Situation, in der ich mich befand, so unangemessen, daß ich mich weniger vor den umherfliegenden Granaten fürchtete, als mich schämte, solch einen Beruf gewählt zu haben.

Eine kleine Episode, aber sie ist in mir lebendig geblieben. Von da an wollte ich mich von der herkömmlichen Meinung befreien, daß Kunst nichts mit der Wirklichkeit zu tun habe und nicht stark genug sei, uns zu helfen, ihr gewachsen zu sein. Ich suchte überall die Wahrheit, um mich meines Berufes nicht schämen zu müssen. Ich habe nach ihr hinter der vierten Wand von Max Reinhards magischem Theater gesucht, hinter den Abstraktionen der Naturalisten, in den offenen Gefilden der Expressionisten und im Romantizismus der Mitleidsliteratur. Ich brauchte das Gefühl, daß es die Kunst mit jeder Situation und mit jedem

Problem aufnehmen kann und daß wir Künstler durch sie die Fähigkeit erlangen, wirkliches Leben auf die Bühne zu bringen. Ich versuchte, ein solches Theater zu schaffen, und ich erkannte, daß es eine neue Einstellung zum Theaterspiel erfordert.

Bitte begleiten Sie mich in dieses Theater und beteiligen Sie sich an dem, was ich als Einführungslektion in die Schauspielkunst bezeichnen möchte. Ich werde auf dem Platz des Regisseurs sitzen, den ich während der Proben einnehme. Meistens befindet er sich mitten im Parkett. Setzen Sie sich neben mich. Halten Sie mich nicht für den Regisseur, sondern für jemanden aus dem Publikum – den Menschen, für den Sie spielen wollen. Erzählen Sie mir, was Sie von Ihrem Spiel erhoffen und erwarten und was Ihrer Meinung nach die Hoffnungen und Erwartungen des Publikums sein könnten. Beschreiben Sie die Zusammensetzung des Publikums, für das Sie spielen werden. War es vor hundert Jahren dasselbe? Warum ist es in diesem Jahr oder – nehmen wir an – heute abend so?

Wenn Sie mir das alles erklärt haben, steigen Sie langsam auf die Bühne. Sehen Sie sich beim Gehen um – erfühlen Sie den Weg – geben Sie beim Hinaufsteigen acht. Unterhalten Sie sich dabei weiter mit mir. Sagen Sie etwas – irgend etwas. Sprechen Sie über den Abend, über das Spiel, über das Wetter. Spüren Sie, wie dieser kleine Weg die Stufen hinauf allmählich Ihre ganze Persönlichkeit emporgehoben hat? Jawohl, Sie haben sich aus dem Publikum erhoben, aber Sie sind nicht weit von mir fortgerückt. Sie und ich – wir sind die beiden Pole in diesem Theater, die beiden Partner für den Augenblick. Verlieren Sie nicht die Verbindung zu mir, denn bald werden wir zu dritt sein – Sie und ich und ein imaginärer Partner im Zentrum der Bühne. Jetzt sind Sie angekommen. Begeben Sie sich zum günstigsten Platz auf der Bühne. Wo ist er? Rechts, links oder in der Mitte? Wo fühlen Sie sich überlegen? Gehen Sie zu der Stelle, auf der Sie sich mir überlegen fühlen.

Konzentrieren Sie Ihre ganze Aufmerksamkeit auf mich. Vergessen Sie nicht, daß Sie mich nicht nur von Ihrer Anwesenheit, sondern auch von Ihrer Existenz überzeugen müssen. Selbstverständlich können Sie sich von mir abwenden, aber vergessen Sie nicht, daß ich immer da bin und daß wir nur als eine Einheit erfolgreich sein können. *Es gibt kein Theater ohne Publikum.* Wer auch immer Ihnen erzählt hat, Sie könnten sich hinter einer unsichtbaren »vierten Wand« verstecken, hat Sie falsch informiert. Ich bin ein Teil Ihrer »Sache« – des Spiels –, die Sie zeigen und energisch vertreten wollen – mit dem gleichen Interesse und der gleichen Leidenschaft, in der ich an ihr teilhabe. Je echter, je überzeugender Sie spielen, desto mehr dienen Sie Ihrer »Sache« – der Überzeugung des Publikums durch den Schauspieler –, desto mehr dienen Sie der Schauspielkunst.

Was immer Sie auch tun, Ihre Aufmerksamkeit muß ununterbrochen auf das Zentrum des Theaters – also auf mich – gerichtet sein. Ich weiß, daß das recht verwirrend klingen mag, weil Ihnen beigebracht worden ist, daß das Zentrum der Aufmerksamkeit der Mittelpunkt der Bühne sei. Erinnern Sie sich an die hübsche Geschichte, die Stanislawski erzählt? Seine Schüler konnten sich nicht von der Angst vor dem Publikum befreien, deshalb ging er auf die Bühne und gab vor, jemand hätte seinen Schuhabsatz verloren. Sofort war jeder mit seinen Schuhen beschäftigt, und der reale Vorgang half ihnen, sich freizumachen und das Publikum zu vergessen. Dieser Einfall half den Schülern tatsächlich, das Publikum zu vergessen und ihre Furcht, die jeder junge Schauspieler erlebt, zu verlieren.

Glauben Sie, daß solch ein Trick notwendig ist? Ich finde, solche Kunstgriffe sind nicht theatergerecht und, wie alle Tricks, nicht ganz ehrlich. Es würde Sie ungeheure Anstrengungen kosten, mich von der »vierten Wand« und der Philosophie des »Als ob« zu überzeugen, die den Zuschauer dazu bewegen soll, restlos an Ihre Aufrichtigkeit zu glauben und Sie für ganz »natürlich« zu halten. Sind wir jemals ganz natürlich auf der Bühne? Sprechen Sie dort nicht sofort lauter als im wirklichen Leben, auch wenn Sie allein in einem Raum auf der Bühne sind? Warum schreien Sie, wenn Ihr Partner nur um Armeslänge von Ihnen entfernt ist, während Sie Ihre geheimsten Gefühle offenbaren? Denken Sie an all die seltsamen Haltungen, die Sie einnehmen. Achten Sie nicht dauernd darauf, nicht verdeckt zu werden und Ihren Partner nicht zu verdecken? Glauben Sie wirklich an den gemalten Baum hinter sich oder an die todbringende Ladung des Gewehrs, das Sie auf einen anderen Menschen richten? Warum diese Vorstellung, wenn Sie wirklich glauben, daß Sie allein auf der Bühne sind, eingeschlossen von vier Wänden, und es kein Publikum gibt, das Sie überzeugen wollen? Es ist nicht wahr, daß der Mittelpunkt Ihrer Aufmerksamkeit im Zentrum der Bühne liegt.

Wenn Sie für ein Publikum spielen, muß es auch der Mittelpunkt Ihrer Aufmerksamkeit sein. *Sie* wissen das, und das *Publikum* weiß es auch. Wenn wir uns darüber einig sind, können wir zum nächsten Punkt kommen.

Sie haben eine Aufgabe. Ihre Aufgabe ist es, mich zu unterhalten, und während Sie mich unterhalten, müssen Sie auch mein Lehrer sein. Meine Neugierde wächst mit dem Interesse, das Sie in mir geweckt haben, und sie verstärkt meinen Wunsch, mit gleicher Intensität nicht nur über Sie, sondern auch über das Wunder Welt, in das Sie mich einführen, etwas zu erfahren. Täuschen Sie sich nicht selbst, indem Sie glauben, mich ausschließen zu können. Ich kann Ihr Freund oder Ihr Feind sein, aber niemals kann ich nichtexistent sein. Gelingt es Ihnen, mich in den zwei Aufführungsstunden zu Ihrem Schüler zu machen, waren Sie erfolgreich.

Verstehen wir die Technik des Schauspielers aus dieser Verbindung zum Publikum, dann können wir dazu übergehen, über die Beziehung des Schauspielers zu anderen Schauspielern nachzudenken. Sie wissen, selbst wenn Sie sich allein auf der Bühne befinden, einen Monolog sprechend, sind Sie in Wirklichkeit nicht allein. Sie können Ihre Rolle nicht einfach aus sich heraus spielen. Die anderen Schauspieler – Ihre Partner – umgeben Sie selbst dann, wenn sie nicht auf der Bühne sind. Sie existieren durch jene ebenso wie durch sich selbst. Ohne deren Aufschlüsse über Sie, ohne deren Beziehungen zu Ihnen würde das Publikum einen sehr schwachen Eindruck von Ihrem Charakter erhalten. Das ist logisch, aber ich vermute, Sie haben sehr oft gehört, daß Sie sich und Ihren Charakter in sich selbst finden müßten, in einer Art »splendid isolation«. Niemals können Sie sich selbst finden, wenn Sie nicht gelernt haben, wie Sie auf Ihren Partner reagieren müssen. Um sich selbst zu finden, müssen Sie aus sich herausgehen. Sie werden sagen, daß es nur ein kleiner Schritt vom Reagieren zum Handeln sei. Ja – aber ein sehr entscheidender. Ihre Re-aktion ist spontan. Sie kommt aus Ihrer Aufrichtigkeit, ohne die Sie niemals schöpferisch sein würden. Aber diese Re-aktion ist passiv und muß ausgelöst werden, um Handlung zu werden, die wiederum Ihrem Charakter den Anschein von Realität gibt.

Jetzt nehmen wir etwas Neues in Angriff. Sie, der Schauspieler, im Verhältnis zu sich selbst, zu Ihrem Körper, Ihrer Stimme und

Ihrer Rolle im Stück. Ich weiß, Sie wollen mir sagen, Sie brauchten für eine spontane Reaktion Ihre »vierte Wand«. Sie müßten mich, das Publikum, vergessen. Ich glaube nicht, daß Sie das müssen. Für mich ist es immer sehr verwirrend, wenn ich sehe, daß das Auge des Schauspielers über die Köpfe des Publikums hinweggleitet, als wären wir überhaupt nicht vorhanden. Über solch ein Verhalten bin ich immer etwas beschämt, weil es mir für den Schauspieler erniedrigend erscheint. Er verliert den Kontakt zum Publikum und bringt sich selbst in eine falsche, untergeordnete Lage. Beachten Sie, wie sich die Situation sofort ändert, wenn sein Blick auf das Publikum fällt. Die ganze Bühne scheint lebendig zu werden. Die Unmittelbarkeit dieses Blicks erzeugt Aufrichtigkeit zwischen dem Schauspieler und dem Publikum, stellt den so wichtigen Kontakt und eine größere Realität der Handlung wieder her.

Noch ein Wort zur Realität der Handlung. Wie unterschiedlich ist die Realität in Stücken von Tschechow oder Ibsen und einem Musical von Gershwin, Weill oder Rodgers und Hammerstein! Es gibt verschiedene Methoden, um Realität im Theater zu erzeugen. Die subjektive und die objektive Spielweise sind zwei Methoden, um einen wirklichkeitsgetreuen Charakter auf der Bühne zu schaffen. Mit objektiver Spielweise meine ich nicht die theatralische und selbstbewußte Darstellung von vor fünfzig Jahren, die jede Gefühlsregung katalogisiert hatte. Ich meine auch nicht die neue Schauspieltechnik, die Brecht eingeführt hat und die er »Verfremdung« nennt. Objektives Theaterspielen ist aus Bühnenexperimenten entstanden.

Ich versuchte zum Beispiel, nach dem Krieg ohne Geld vor einem Arbeiterpublikum auf einer sehr leeren Bühne zu spielen. Was konnten wir tun, um der leeren Bühne den für das Spiel notwendige Hintergrund zu geben? Wir spannten kleine Projektions-Leinwände auf, auf die der Hintergrund gemalt wurde. Bald fanden wir, daß sich die Bühne großartig dafür eignete, den Hintergrund zu erweitern oder zu verkleinern. Wir gaben die notwendigen Kommentare einfach dadurch, daß wir bei Beginn des Spiels über das Jahr oder die Ereignisse informierten. Diese Kommentare stellten einen sehr engen Kontakt zum Publikum her. Tatsächlich, es gefiel dem Publikum, mit den Menschen auf der Bühne verbunden zu sein; es wurde dadurch sein Theater, mit einem besonderen Stil, der auch dem Stil des Stückes entsprach, aber keine neue Technik um der Technik willen bedeutete. Es war ein Weg, uns mit den uns zur Verfügung stehenden Mitteln einfach auszudrücken, ein Weg, um verstanden zu werden. Mehr wollten wir nicht. Merkwürdig genug, dieses Experiment gab dem Schauspieler eine neuartige Freiheit. Alles Unwahre aus den Jahren seiner romantischen Berufsauffassung fiel fort. Er warf es weg, als er plötzlich die neuen Möglichkeiten entdeckte, als er sich der Tatsache gegenübersah, er selbst sein zu können und gleichzeitig ein verwandter Teil des Ganzen. Diese Experimente der Nachkriegsjahre waren keineswegs der Versuch, eine neue Kunstform zu schaffen oder gegen die herrschenden oder herkömmlichen Theaterformen zu revoltieren. Alles war so natürlich wie unsere neue Wirklichkeit des Lebens. Es war kein Expressionismus – es war kein neues formales Theater. Es war genau die Art Theater, die den Menschen jener Zeit entsprach.

Später, mit mehr Geld, hatte ich größere Möglichkeiten und auch ein größeres Theater. Ich fand neue Bühnenbildner und Ingenieure und konnte das Theater technisch befreien. (Die Arenabühne, Gropius, das Totaltheater, das laufende Band und die Drehbühne.) So wurde ein neuer, freier Stil für die Schauspieler Wirklichkeit. Aus dem Experiment war eine Methode geworden. Ich nannte sie das epische Theater.

Natürlich verlangte das epische Theater neue Schauspieler. Ich konnte den klassischen Deklamations-Schauspieler, der in seine Stimme verliebt ist und sich nicht dafür interessiert, was er sagt, sondern nur dafür, wie er es sagt, nicht länger brauchen. Ebensowenig konnte ich den Tschechow-Schauspieler akzeptieren, der sich selbst hinter der »vierten Wand« hypnotisierte. Nach Brechts Ansicht reicht Stanislawski nicht mehr aus, brauchen wir eine neue Art des Theaterspielens, die die Bühnenvorgänge dem Zuschauer verfremdet und ihn dem Spiel gegenüber eine fragende und kritische Haltung einnehmen läßt. Brecht hatte recht, wenn er forderte, daß wir der Handlung gegenübergestellt und nicht durch Einfühlung eingewickelt werden sollen. Aber Brechts »Verfremdung« beruhte auf dem klassischen Theater des Orients, was den Begriff romantisiert. Ich stimme zu, daß die »Verfremdung« unsere Intelligenz beansprucht und uns in engeren Kontakt zu den Tatsachen bringt. Ich wollte jedoch die gesamte menschliche Persönlichkeit erfassen. Intelligenz und Gefühl will ich nur trennen, um sie auf höherer Ebene wieder zu vereinen. Wenn wir ein intelligentes Publikum wünschen, für das das Theater mehr als bloße Unterhaltung ist, müssen wir die »vierte Wand« auf der Bühne niederreißen. Der Film hat es schon längst getan. Wir wollen nicht, daß der moderne Schauspieler seine Gefühle hinter der »vierten Wand« improvisiert, sondern wir wünschen, daß er uns diese Gefühle kommentiert, indem er nicht nur ein Resultat spielt, sondern auch den Gedanken, der zu diesem Resultat führte. Wir wollen die Wurzeln sehen und nicht nur die Frucht, den Samen und nicht die Pflanze allein. Um das zu erreichen, benötigt der moderne Schauspieler äußerste Kontrolle, damit er von seinen Gefühlen nicht überwältigt wird. Er braucht das, was ich »die neue Objektivität« genannt habe.

Maler, Musiker und Schriftsteller kennen diese Objektivität, ohne die kein wirkliches Kunstwerk geschaffen wurde. Sie haben es natürlich viel leichter als der Schauspieler, der Subjekt und Objekt zugleich ist. Der Schauspieler ist das Instrument, er ist der Pinsel, das Papier, der Ton. Schopenhauer beschreibt diese Objektivität sehr genau: »Niemand ist in der Lage, sein eigenes Bild im Spiegel mit dem Blick der Verfremdung zu sehen, die die Hauptbedingung für Objektivität ist. Der wirklich objektive Blick ist bei letzter Analyse nur möglich durch den moralischen Egoismus eines tief gefühlten Nicht-Ich, das es möglich macht, alle Fehler zu sehen, ohne jeden Vorbehalt, das Bild wie es ist, wirklich getreu und wahr.«

Für den Schauspieler ist tatsächlich *das Publikum* der Spiegel. Aber das getreue und wahre Bild kann nur von beiden – Schauspieler und Publikum – geschaffen werden. Sie, der Schauspieler, werden der Spiegel, in dem sich das Publikum selbst sehen kann. Es ist Ihre Pflicht, ihm zu helfen, zu den richtigen Schlußfolgerungen zu gelangen und das unwahre und schmeichelhafte Bild des »Ich« zu zerstören. Das Publikum als Ihr Spiegel, mein Schauspieler, und Sie als der Spiegel des Publikums!

Die Bühne selbst wird Ihnen helfen, diese neue Objektivität zu erreichen. Wenn ich zum Beispiel die Globusbühne in »Rasputin« in Segmente teile, Dokumentarfilme verwende und auf die Seitenwände Kommentare zu den historischen Ereignissen projiziere, hilft die Bühne auch dem Schauspieler, eine neue Realität zu erlangen, eine neue Objektivität. Alle die neuen szenischen

Erfindungen, die ich benutzte, brachten neue Dimensionen für den Schauspieler mit sich.

Aber ich sehe Sie zögern, erschreckt und ein wenig niedergeschlagen. Ich glaube, ich weiß, warum. Sie möchten mich nach dem Zauber, dem Geheimnis, der Atmosphäre und der Zauberformel, der Illusion und dem Traum fragen, die das Theater zu einem Magneten für den Schauspieler werden lassen? Werfen wir all das beiseite, wenn wir den modernen Schauspieler auffordern, nach Objektivität zu streben? Soll er seine Subjektivität aufgeben, die ihn zu einem wesentlichen emotionellen Teil des Geschehens macht? Auf keinen Fall! Je objektiver er wird, um so mehr Erfolg wird er haben, seine höchstpersönliche (subjektive) Form zu finden. Der kühne und schöne Bau eines Monologs ergänzt den Text. Subjektives und objektives Spiel ergeben zusammen die höchste Form der Darstellung. Sie können es zum Beispiel an der Arbeit von Laurence Olivier sehen. Lassen Sie mich noch einmal wiederholen: Wenn ich über die neue objektive Spielweise spreche, meine ich nicht die kalte Routine des üblichen Theaters. Ich denke nicht an die schrecklichen Erzeugnisse des kommerziellen Theaters, das den Schauspieler erniedrigt und ihn in einen elenden Automaten, einen Nachbeter und nicht in einen Schöpfer verwandelt, in einen Handwerker bestenfalls, doch nicht in einen Künstler. Nur der Schöpfer im Schauspieler ist bedeutend, der Handwerker nicht. Nichts ist ohne den Schöpfer.

Aber wo ist die moderne Bühne, auf der wir diese moderne Spielweise verwenden können? Existiert sie? Sie haben recht, daran zu zweifeln. Weder in London, Paris, Moskau, noch in New York gibt es ein modernes Theater, das unserem modernen Leben entspricht, das die von uns entwickelten Mittel benutzt, das die neusten Erfindungen unserer Tage kennt. Unser modernes Theater ist der Film, ist das Radio und das Fernsehen. Aber noch gibt es Hoffnung für »the old magic box« Theater. Wir können es ändern. Wir können seine verriegelten Türen öffnen, mit den feststehenden und herkömmlichen Techniken brechen, das »one-set theatre« zerstören. Wir können alles einführen, was die Wissenschaft während der Entwicklung der menschlichen Produktivität geschaffen hat. Wir können mit der kleinen Zauberlaterne für erwachsene Kinder aufhören und aus ihr ein Fernrohr machen.

Das ist es, was meiner Meinung nach das epische Theater und seine Schauspieler erreichen können. Diese neue Objektivität wird nicht zu einem neuen Formalismus oder zur Orthodoxie führen. Im Gegenteil, sie wird das Theater von erstarrten Formen befreien. Einfach ausgedrückt, verschafft das epische Theater dem herkömmlichen Theater einen neuen Ausblick, neuen Raum, und es bereichert den Schauspieler mit dieser neuen Freiheit. Drei Jahrhunderte lang wurde er zwischen den Kulissen der Guckkastenbühne gefangengehalten. Jetzt kann er sich wieder, wie im Shakespeare-Theater, auf der Simultanbühne bewegen; er kann, wie die Griechen, die halbe oder ganze Arena benutzen, er kann sich dem Publikum nähern, wie bei der Großaufnahme im Film. Sie können vom modernen Menschen, der in zwei Tagen um die Welt fliegt, nicht erwarten, daß er zwei Stunden geduldig dieselbe Kulisse anstarrt. Das wäre, wie wenn wir uns mit einem Viktorianischen Zimmer begnügen und bei Kerzenschein lesen würden! Das neue Theater gibt dem Schauspieler neue Dimensionen, die durch die bewegliche Bühne hervorgerufen werden, durch das Drehen und Senken aller Teile der Bühne. (Ein Beispiel dafür, wenn auch nur ein primitives, war meine Inszenierung des *Braven Soldaten Schwejk*.) Diese Dimensionen werden dem Schauspieler nicht hinderlich oder mechanisch, sondern so natürlich und notwendig wie im wirklichen Leben sein. Denken Sie an die ganze Maschinerie, die der moderne Mensch für seinen Komfort benötigt, die er frei und zwanglos benutzt.

Der epische Schauspieler ist eine Art Erzähler. Ich meine damit nicht den Erzähler, der außerhalb der Bühne bleibt und sich direkt an das Publikum wendet. Doch auch solch ein formales Ansprechen und Kommentieren ist möglich, wenn er weiß, wie er sich zur selben Zeit in seine Rolle versetzen muß. Während er lässig über die Bühne schlendert, wird er eine Art Ausstellungsführer sein, der alle Bilder kennt, die er zeigt. Er ist der Dirigent, der jede Note aller Instrumente kennt, jede Stimme unterstreicht und gleichzeitig das Gemeinsame der Komposition zum Ausdruck bringt. Die Klarheit, mit der er sich seinem Gegenstand nähert und ihn veranschaulicht, soll seinen Partner auf der Bühne und mich, den dritten Partner im Publikum, überzeugen. Der epische Schauspieler ist nicht länger der Abklatsch eines Charakters, sondern eignet sich »human proportion« an, wird dreidimensional. Er hat viele Partner. Er wird die Dekoration zu seinem Partner machen, den anderen Schauspieler oder Kommentator, wenn nötig, und er selbst ist beides: Schauspieler und Kommentator. Dasselbe wird mit the prop geschehen, the prop, der sicher nicht länger nur eine Hilfe ist, sondern ein plastisches Detail des vollkommenen menschlichen Ausdrucks.

Es ist interessant, daß Schauspieler, die ich für bedeutend halte, die instinktiv episches Theater spielen, auch Regisseure sind. Um einige zu erwähnen: Laurence Olivier, Jean-Louis Barrault, Louis Jouvet. Auch Molière und auch Shakespeare. Diese großen Schauspieler können für einen Augenblick in einem außergewöhnlichen Monolog groß philosophieren und im nächsten durch ein erlösendes Lächeln das Publikum von diesen ernsthaften Gedanken befreien. Kurz darauf zerstreuen sie das Publikum mit bestimmten, zur Handlung gehörenden Einfällen, bringen es zum Lachen oder zum Weinen, wie es der Augenblick gerade erfordert. Mit einem Wort – sie stellen einen lebendigen Menschen in einer lebendigen Situation dar, an der sie ebenso wie das Publikum interessiert sind. Sie handeln in dem Bewußtsein, daß das Leben wichtiger ist als das Schauspiel, daß aber zur gleichen Zeit, in diesem bestimmten Augenblick, es kein würdigeres Beispiel vom Leben gibt als dieses bestimmte kleine Stück Leben in diesem Schauspiel. Darin äußert sich die Begrenztheit des Theaters im Gegensatz zur Unbegrenztheit des Lebens.

In dieser Einheit von Vernunft und Gefühl, von Geist, Empfindung und Sinneseindruck – wird der Schauspieler sein schöpferisches Genie für die Bühne entdecken – die Kunst der Darstellung. Durch die Einheit von subjektivem und objektivem Spiel ist er nicht nur ein Objekt in der Hand des Dramatikers, sondern selbst ein Schöpfer. Indem er sich objektiviert, wird er zum Subjekt und – von beidem beherrscht – lebendig.

1949

»Technik«: Anklage und Freispruch

Eines meiner ersten Gedichte, das gedruckt worden war, begann:

Mußt nun weinen, Mutter, weine,
war dein Knab', als er noch kleine,
spielte mit den Bleisoldaten.

Klabund behielt es auswendig. Er sandte es mir noch einmal auf einer Karte nach ins Feld – vor Ypern – 1915.

Ich will damit nur sagen, ich studierte nie »Technik«, ich begann auch nicht mit Technik. Der alte Professor Artur Kutscher, der gerade im Kreise von Generationen seiner Schüler fünfundsiebzig Jahre alt geworden ist, kann darüber erzählen. Nun, in seinem Seminar saßen wir Greenhorns neben Wedekind, Mühsam, Klabund...

Mir liegt gar nichts an Technik. Mit elf Jahren hatte ich fast alle Klassiker gelesen und bestimmt nichts von einer Drehscheibe gehört (obwohl ich schon auf dem Speicher unseres Hauses, der zufällig in Bühne und Zuschauerraum geteilt war, auf klassisch tapfere Tode starb...)

Wann kam eigentlich »Technik« in mein Leben? Ich glaube, das war, als die Zeit anfing, nach Aussagen zu drängen. Als die »Hintergründe« mitzuspielen begannen – die geistigen Explosionen die Decken von behüteten Zimmern rissen, die Wände der Häuser durchsichtig wie Schleier wurden, als man dem Menschen die »Seele« nach außen kehrte.

Aha – während des Expressionismus also? Sicher liegt auch da ein Anfang. Aber dann wäre ich ja nur von der Kunst beeinflußt worden (auch keine Schande!), doch dazu kam ich leider gar nicht. Es war in diesem Falle tatsächlich die »Zeit«, genauer gesagt der Krieg 14/18, der mein unerbittlicher Lehrmeister wurde (auch Steinrück, auch Graumann in München, auch Kutscher natürlich), aber mehr als alle: der Krieg.

Und ich gebe zu, noch immer überwältigt mich die Zeit. Ihr gegenüber scheint kein Mittel groß genug, tief genug, gewaltig genug, ohnmächtig sinkt Dichtung, Wort, Gestalt, Kunst vor ihr zurück (und das erleben wir gerade jetzt!).

Als die Jugend 1918 aus den Schützengräben zurückkehrte, stießen die expressionistischen Dichter unartikuliert ihre Schreie aus, wollten die Komponisten nichts mehr von Melodien hören, die Regisseure nur noch im Telegrammstil inszenieren, die Bühnenmaler schräge Türen vor schwarze Vorhänge stellen: Raumveränderung, Symbolismus, Jeßnertreppe, Karl Heinz Martin-Wandlung (Toller, Fehling, Masse Mensch...)

Viel blieb im grünlichen Licht der Hintergründe, schwamm im grauen Bühnennebel, blieb Mitleid, Träne, mit dem Bruderschrei nach dem O-Mensch! Neugierigere wollten den Nebel durchstoßen, Verborgenes hervortreten lassen, den undefinierbaren Symbolen, dem Schicksal selbst Gestalt und Namen geben.

Diese hätten am liebsten die siebeneinhalb Millionen Toten ihres Krieges auf die Bühne geschleppt, damit vor ihnen die »Wandlung« sich vollzöge, die doch weder Wort noch Expressionismus noch Bühnen-Realismus bis dahin erreichten. (Immerhin, so scheint es aus der heutigen Perspektive, erreichte man damals mehr als heute.)

Und da trat die »Technik« ein: zur Verdeutlichung, zum Kommentar, zum Dokument, zur Berichterstattung, zur Analyse, sie sollte den Vorgang vom Individuellen zum Allgemeingültigen erheben, zum Gleichnishaften, zum Beispiel, zur Demonstration.

Die Erweiterung machte den dramatischen Vorgang, die Aktion, die Handlung zum simultanen Neben-Einander-Geschehen, sie machte das Drama episch.

Eines der ersten Stücke epischen Geschehens war meines Frankfurter Freundes Alfons Paquets Stück *Fahnen*. Zum erstenmal war hier auf zwei großen Leinwandflächen rechts und links von der Bühne (Volksbühne Berlin) die Geschichte der amerikanischen Arbeiterbewegung »beschrieben«. (Inhalt des Stückes war die Untersuchung über die berühmte Bombenexplosion auf dem Haymarket in Chicago 1896.)

Viele Stücke folgten in ähnlichem Stil. *Sturmflut* von Paquet, *Gewitter über Gotland* von Ehm Welk, *Hoppla, wir leben!* von Ernst Toller, *Rasputin, die Romanows, der Krieg und das Volk, das gegen sie aufstand* und *Die Abenteuer des braven Soldaten Schwejk,* in dem ich zum erstenmal ein laufendes Band benutzte, und als sich der Bühnenboden bewegte, mußten auch die

Dekorationen folgen. Alles begann mit dem kleinen Schwejk (Max Pallenberg) von seinem Dorf irgendwo in Böhmen nach der Front zu wandern.

Das war nicht »Technik«, sondern bereits Dramaturgie, wie Herbert Ihering damals schrieb: »Piscators ›Räuber‹-Inszenierung warf eine Grundfrage auf. Diese ›Räuber‹-Darstellung, die scheinbar die Selbstherrlichkeit des Regisseurs dem dichterischen Werk gegenüber auf der Höhe zeigte, bedeutete in Wahrheit die Überwindung des Auffassungsspielleiters, die Überwindung des formal experimentierenden Regisseurs. Das formale Problem der Klassiker-Darstellung hat Brecht zu lösen versucht, das inhaltliche Piscator. Es ist erstaunlich, daß der Dichter mehr den Theaterstil und der Regisseur mehr das Drama beeinflußt hat. Die meisten Versuche, sich mit der politischen und sozialen Gegenwart auseinanderzusetzen, gehen auf Piscator zurück.«

Und doch konnte Brecht seinen Stil nicht ohne die epische Technik finden. Sein »kleiner Zwischenvorhang« ist ein Überbleibsel der dokumentarischen Schleier und Projektions-Notizblöcke (*Fahnen*, *Rasputin* u. a.).

Da hängt mir nun also ein schrecklicher Ruf nach oder läuft mir voraus: Piscator, der Experimentator, der Novator usw. Seit dreißig Jahren ist da ein Geschrei, die Technik töte das Wort, das Wort komme zu kurz. Das Wort... Welches Wort? Wie viele gute Worte werden eigentlich geschrieben, die soviel Plastik haben, alle Optik auf der Bühne entbehrlich zu machen? Aber gäbe es auch heute die größere, die große Dichtung der Gegenwart (als diejenigen, die sich darauf berufen, vorfinden), in keiner Zeit war der Zuschauer optisch so verwöhnt wie heute.

Film und Fernsehen beweisen das. Der Zuschauer hört und lernt durchs Auge besser, mehr und schneller als durchs Ohr. Und während diese Mittel mit der Zeit gehen und sich mehr und mehr vervollkommnen – nun kommt gar der plastische Film –, verarmt das Theater optisch mehr und mehr, ohne durch geistige Qualität zu ersetzen, was ihm an moderner Technik fehlt.

Dabei ist diese Armut völlig unnötig. Ich meine nicht, daß man gewaltige Kulissen bauen müsse, sondern die Bühne soll nur an der technischen Entwicklung teilnehmen. Das Wort »Technik« war nie eine Schande im Theater. Der Griechen Einheit von Zeit, Ort und Handlung ist nur im Resultat geistig zu verstehen, im Ursprung war sie technisch. Die Zeit war die Sonne vom Aufgang bis Untergang (weil man noch kein elektrisches Licht hatte), der Ort war der Ort, den sie beschien, und die Handlung die Begebenheit, die sich zu dieser Zeit und an diesem Ort (also ohne Umbau) abspielen konnte.

Das künstliche Licht hob diese Gesetze auf, an die sich Shakespeare sowieso nicht hielt, die aber der Film, dank seiner Fähigkeit, in Sekunden ganz verschiedene Plätze nebeneinander zu zeigen, völlig über den Haufen wirft. Das Licht, dramaturgisch eingesetzt, gibt dem Theater ein neues Gesetz.

Armes Theater: es kommt nicht mehr recht mit. Seit langem ist ihm das Volk entfremdet. In New York sagt man schon im Gegensatz zum Film: the living theatre – aber vierzehn Millionen Menschen haben nur dreißigtausend Sitzplätze zur Verfügung, während Kinopaläste netzartig die ganze Stadt überziehen. Das moderne Volkstheater ist der Film.

Auch die Technik ist letztlich nur Mittel des geistigen Ausdrucks und muß sich selbst überwinden. Wenn sie es nicht tut, stört sie, im Film ebenso wie im Theater. Die Suche nach der Anwendung der technischen Mittel ist nichts anderes, als den klarsten Ausdruck zu finden, auf dem kürzesten Wege der Vermittlung. Das technische Mittel selbst muß zur Kunstform werden.

Manchmal sieht es so aus, als ob die Revolution der technischen Mittel am Theater spurlos vorbeigegangen sei. Die Drehbühne sollen die Römer schon gehabt haben, und sie soll auch im alten japanischen Theater bereits verwandt worden sein. Man spricht heute davon, daß die Illusionsbühne überlebt sei und von der Raumbühne, der Ein-Mann-Bühne, abgelöst werden müsse. Aber es ist nicht zu leugnen, daß alle Experimente, von dem Arenatheater bis zum Zimmertheater (in Amerika »The theatre in the round« genannt), nach einer neuen Theaterarchitektur drängen. Das Theater will zum Volk und muß zum Volk, und niemand wird dem Theater die Experimente verbieten können, die dazu dienen, die Wege herauszufinden, die zum Volk führen.

Es gab einmal die »Lust am Experiment«. Heute kann man von der »Furcht« vor dem Experiment sprechen. Aber ist nicht jeder Schritt in die unbekannten Gefilde der Kunst Experiment? Auf keinem Gebiet menschlicher Entwicklung kommen wir ohne »Experiment« aus – nicht in der Chemie, Physik, Medizin, Staatswissenschaft – und nur in der Kunst soll das Experimentieren verboten sein? Welche Feiglinge verstecken sich eigentlich hinter der mit oberlehrerhafter Geste ausgestoßenen Warnung vor dem Experiment: die Snobisten, die Stilisten, die fossilen Überbleibsel vergangener Stilexperimente? Das Leben gibt uns jeden Tag ein neues Experiment auf, weil es stets im Fluß ist und sich niemals wiederholt.

1953

Gespräch mit Erwin Piscator

Frage: Das Gesicht des deutschen Theaters nach dem Ersten und Zweiten Weltkrieg ist grundverschieden. Damals ein revolutionärer Geist, der Literatur, Regie und Darstellungsstil bestimmte, und die zwanziger Jahre, für die die Namen Jeßner und Piscator symbolhaft geworden sind, zu einer so unerhört fruchtbaren und energiegeladenen Periode des deutschen Theaters machte. Und heute? – Seit zwei Jahren sind Sie wieder in Europa und haben aus eigener Anschauung die deutschen Bühnen kennengelernt. Wie beurteilen Sie die gegenwärtige Situation des deutschen Theaters?

Antwort: Das Theater ist nicht unabhängig von den äußeren politischen und soziologischen Verhältnissen der Nachkriegsperiode. Auch in der Kunst sind Restauration und Konformismus hervorstechende Merkmale der Zeit. Die Zeit hat natürlich auch ihr Gutes. Das zweimalige Erleben einer Katastrophenpolitik hat fanatischen Enthusiasmus gedämpft und einer kühleren, abstandwahrenden Haltung Platz gemacht. Gefährlich wird diese Haltung, wenn sie einen ermüdeten Unglauben an die aufbaufähigen Kräfte der Menschennatur erzeugt und zu depressiver Resignation führt. Erfreulich ist, daß die Theater erhalten geblieben sind und ihr Publikum nicht verloren haben. Der unerhörte Reichtum an künstlerisch hochstehenden, mit öffentlichen Mitteln subventionierten Theatern in Deutschland ist, abgesehen vielleicht von Rußland, etwas in der Welt Einmaliges. Auch beobachte ich, daß das allgemeine Niveau der deutschen Theater in den letzten Jahren beträchtlich gestiegen ist. Trotzdem erscheint mir das äußere Bild der Theater im allgemeinen irgendwie ausdruckslos, soweit man weltanschauliche Haltung verlangt. Sie geben offener zu, für Unterhaltung zu sein, als in den zwanziger Jahren selbst die Rotters zuzugestehen bereit gewesen wären. Auch das ist entschuldbar. In den Fronttheatern wollte man ja auch lieber »Die spanische Fliege« sehen als Tragödien oder zeitkritische Problemstücke.

Frage: Malen Sie da nicht ein wenig zu schwarz? Sind nicht doch, zumindest keimhaft, neue Kräfte spürbar?

Antwort: Gewiß mögen hier und da vereinzelte Ansätze einer ernsthaften Zeitkritik vorhanden sein. Ich denke an die Arbeit des dramatischen Kollektivs in Hamburg, an die Förderung junger Autoren, an einzelne ausgezeichnete Aufführungen, die ich gesehen habe. Aber diese Ansätze sind meist nicht konsequent genug und versickern in einem Allzuviel an Belanglosigkeit. Stilistische Fragen werden überschätzt, und oftmals ist das intellektuelle Gerede über neue Formen nichts als Scharlatanerie einer bodenlosen Zeit. Statt nach neuen Inhalten zu suchen und diese zu konfrontieren, flüchtet man sich in Stilfragen. Die Vielfalt der Möglichkeiten, die das heutige Theater besitzt, bedingt gleichzeitig seine Gesichtslosigkeit. Was früher geteilt war in verschiedene Richtungen, etwa Reinhardts neoklassizistisches Zaubertheater, Jeßners reformatorisch-politisches Theater und mein eigenes dokumentarisch-episches Theater, das wird jetzt vermischt und verwässert. Man restauriert Klassiker, weil die Vergangenheit besser erscheint, anstatt den Blick auf die Gegenwart zu richten. Nach Katastrophen ist es jedoch nicht möglich, neue Formen zu finden ohne neuen Inhalt. Es scheint heute so, als hätten die Anhänger der l'art pour l'art über das politische Zeittheater gesiegt. Wir kennen die Folgen!

Frage: Ist an dieser Entwicklung nicht vor allem das Publikum schuld, das den Problemen der Zeit ausweicht und im Theater vor allem Erbauung und Unterhaltung sucht?

Antwort: Dies ist die große Enttäuschung meiner Rückkehr. Ich vermisse im deutschen Volk die schöpferische Pause, die Bereitschaft zur Selbsterkenntnis, die immer wieder gestellte Frage: Worin lagen die Fehler? Es gibt zwei Formen des Theaters: das moralisch-fordernde und das der Unterhaltung. Beide sind berechtigt und verschlingen Millionen. Aber ist es nicht billiger, Millionen ins Theater zu stecken als in Atomkanonen, wenn man dort lernt, sie nicht abzuschießen? Die Situation unserer Zeit zu erkennen, ist einfach eine Notwendigkeit für jeden. Wer's nicht tut, macht sich schuldig. Ich habe den Eindruck, der deutsche Mensch fährt auch im Volkswagen einen Meter über der Erde. Wir müssen ihn auf den Boden holen und ihm seine Wirklichkeit zeigen, und zwar so eindringlich, daß er sich den notwendigen Entscheidungen, die seine Zukunft bestimmen, nicht entziehen kann. Für diese Aufgabe ist jedes Mittel recht.

Frage: Sie haben sich in der Theatergeschichte einen Namen gemacht, weil Sie als erster die entschiedene Auseinandersetzung mit der politischen und sozialen Gegenwart auf die Bühne brachten. Es sei erinnert an Ihre Aufführungen von *Hoppla, wir leben! Schwejk, Rasputin* u. a. Sie verwandten in diesen Inszenierungen die technischen Erfindungen unserer Zeit. Ihre Gegner schreiben Ihre Erfolge vor allem diesen technischen Sensationen zu.

Antwort: Die technischen Mittel, die ich verwende, sind bei mir nie das Primäre. Das Wichtigste ist immer die Aussage des Stükkes. Daraus ergibt sich die Frage, wie diese Aussage die stärkste Wirkung erzielen kann. Das Theater kann es sich heute nicht erlauben, auf Wirkungsmöglichkeiten zu verzichten, mit denen der Film die Massen anzieht. Der heutige Mensch ist optisch verwöhnt und gibt dem Bild gegenüber dem Wort den Vorzug. Wenn wir unser Publikum auf die Dauer nicht verlieren wollen, müssen wir uns der gleichen Mittel bedienen, wenn sie uns für unseren Zweck sinnvoll erscheinen. Man hat immer die technischen Mittel bei mir überschätzt und zur Sensation gestempelt. Ich habe diese Sensationen akzeptiert, da sie den Aufruhr der Gedanken mit sich brachten. Heute kann ich nur sagen: her mit Sensationen! Die Arbeit mit dem Schauspieler, die Entwicklung seiner Möglichkeiten war immer für mich der wichtigste Teil der Regie. Nur so war es möglich, daß ich in New York eine Schauspielschule leiten konnte, aus der eine Reihe der besten amerikanischen Schauspieler hervorgegangen ist. Im übrigen bin ich nicht geneigt, der Phantasie des Publikums alles zu überlassen; mich etwa damit zu begnügen, gefühlsmäßige Anregungen zu geben oder traumhafte Visionen zu erzeugen. Das Publikum als solches hat wenig Phantasie gezeigt, sonst wäre nicht geschehen, was geschehen ist.

Frage: Beschränken Sie sich damit nicht auf eine vordergründige und plakathafte Wirkung, die vielleicht dem Gehalt des Stückes nicht gerecht wird?

Antwort: Vordergründig? Hitler war tiefgründiger! Er hat 54 Millionen Tote hinterlassen. Wer denken konnte, hätte die paar ehrlich gemeinten Warnschreie verstehen können, auch wenn sie aus der Not der Zeit mehr dem Plakat als Hölderlinschen Dichtungen glichen. Im übrigen kommt es immer darauf an: Wem dient ein Plakat?

Frage: Zum Mythos Piscator gehört auch für Ihre Gegner der Vorwurf mangelnder »Werktreue«; Sie »vergewaltigen« die Dichtung.

Antwort: Keine Dichtung ist unantastbar. Sie wandelt sich mit der Zeit, sie wird fortgesetzt vergewaltigt; auch unsere Klassiker, indem wir sie streichen und für die Bühne einrichten. Der Unterschied besteht nur darin: Tun wir es um der Form willen, oder um sie inhaltlich für unsere Zeit verständlich zu machen. Die Bühnendichtung verlangt vom Regisseur ihre Verlebendigung, die Übertragung vom Buch ins Leben. Die Berechtigung zu dieser Arbeit ist eine Frage seines Talents.

Frage: Sie inszenieren jetzt in Mannheim Arthur Millers *Hexenjagd*. Es handelt sich dabei um ein naturalistisches Theaterstück. Warum lassen Sie das Stück in der Mitte des Raumes spielen?

Antwort: Die *Hexenjagd* ist ein modernes Lehrstück; es enthält Kommentare, die die Berechtigung des Stückes nachweisen. Ein Untergrundstück, das im richtigen Zusammenhang verstanden sein will. Es ist entstanden aus der großen Schwenkung der amerikanischen Gesellschaft, die durch den Namen McCarthy repräsentiert wird. Seine Verfolgung gilt nicht nur den Linksradikalen, sondern generell »unamerikanischem Verhalten«. Dieser Wandel wird dadurch charakterisiert, daß man von Roosevelt als »Rosenfeld« und von New York als »Jew York« zu sprechen begann. Miller verwandte einen historischen Stoff, um die Mechanik in der Verfolgung Unschuldiger aufzuzeigen. Es kam ihm auf die moderne Auslegung an. Es handelt sich also um ein dokumentarisches Stück in realistischer Form. Selbstverständlich kann man das Stück auf der regulären Bühne spielen; man kann es aber auch in einen objektiv-dokumentarischen Raum setzen. Diese Idee hatte ich, als ich den Mozartsaal in seiner arenaartigen Form sah. Eine solche Darstellungsform bedeutet selbstverständlich seit Reinhardts Schauspielhaus, seit Ochlopkows Spielen durch den Zuschauerraum und seit dem amerikanischen »theatre in the round« keine Revolution mehr. Ich habe bereits in den zwanziger Jahren in Berliner Sälen so Theater gespielt und diese Methode in meinem New Yorker Studio fortgesetzt. Auf diese Weise ist es möglich, die geistigen Hintergründe des Stükkes herauszuarbeiten.

Frage: Welche Konsequenzen hat diese Darstellungsform für den Schauspieler?

Antwort: Bei Verzicht auf illusionistische Dekorationen ist alles auf den Schauspieler gestellt. Er spielt den Raum, ungedeckt, fühlt die Wände in sich selbst, er ist auch sprachlich gesteigert. Es entsteht eine stärkere Intensität, die Kontakte und Beziehungen der Personen sind stärker herausgearbeitet. Der Zuschauer wird als selbstverständlicher Partner mit in den Raum einbezogen und erlebt so intensiver die Handlung mit. Er kann sich bei dem Stück nicht in eine unverbindliche Vergangenheit flüchten, sondern weiß: er ist gemeint, er ist betroffen.

Frage: Was betrachten Sie als das besondere Ziel dieser Aufführung und des gegenwärtigen Theaters im allgemeinen?

Antwort: Kenntnis – Erkenntnis – Bekenntnis. Wir sollen das Theater wieder als »moralische Anstalt« verstehen! Wie Tolstoi sagt: Die Kunst hat nur dann Zweck, wenn sie zur Verbesserung des Menschen beiträgt. Wir haben den Glauben an den Menschen verloren. Wir müssen der Vernunft wieder zu ihrem Recht verhelfen. Kunst ist nicht Dunst, sondern dient der Klärung. Von da gelangt sie vielleicht zur »Verklärung« – aber mit Vorsicht!

1954

Gedanken zu einer Erneuerung der Bühnenkunst durch das Licht

Wenn Menschen auf Licht gehen können – werden sie raumlos. Nicht nur die »ortlose« Bühne gibt es dann, auch die »raumlose«. Man kann sagen, der Mensch sei auf sich selbst gestellt. Er schwebt im Raum. Er wird zum Menschen an sich.

Wie in der Malerei ein Akt – nur in sich selbst ruht, nur durch sich selbst wirkt –, so wird der Mensch im raumlosen Licht nur durch sich selbst wirken, durch sich selbst sein. Die Proportionen des Körpers werden sich verändern.

Bisher war der Kopf beleuchtet oder die Seite, man beleuchtete von oben, von vorn oder von hinten.

Nun von unten.

Das aber schafft eine neue Plastik.

Nichts wird dem Wort mehr entgegenstehen – da das Wort die Reflexion des Lichts beherrschen und dirigieren wird. Gegenstand bleibt nur Gegenstand, solange das Wort es will oder erlaubt, er entsteht und verschwindet wie ein Hauch. Lichtmusik wird die Körper umgeben, umfließen, sich verflüssigen, sich auflösen. Neue Bewegungsrhythmen werden entstehen, neue Raumbegriffe, die das Licht schafft.

Wo immer der Lichtraum gebildet wird, schafft er zunächst völlig neue Gesetze, auch in der Gestik, der Mimik, der Bewegung. Wahrscheinlich auch des Wortes.

Die Technik des gesamten Theaters wird sich dem Licht unterordnen müssen. Das Licht entscheidet die Architektur.

Eine neue Dramaturgie wird sich bilden. Das Erbe der Literatur wird davon nicht berührt werden. Naturalismus wird Naturalismus, Realismus wird Realismus bleiben. Aber alle große Literatur wird so nahe dem »gelesenen Wort« gebracht wie nie zuvor. Hier wird die Dichtung allein und ungestört dominieren.

Und doch erhält das Theater eine neue Optik, befreit es von der Versklavung der Illusions- und Dekorationsbühne, ohne arm und phantasielos zu sein, asketisch bis zur Selbstverleugnung (auf diesem Wege sind wir jetzt).

Das Licht wird dem Auge geben, was das Auge verlangt, und das Ohr kommt nicht zu kurz.

Die Lichtbühne wird die Befreiung von der Technik bringen – denn sie bringt durch sich selbst die Technik zu ihrem letzten und äußersten, verfeinertsten Ausdruck.

Film, Projektion, laufendes Band, Etagen-, Globusbühnen, Drehscheiben und motorisierte Brücken (Mittel aus meiner eigenen Erfahrung), jetzt erst fangen sie an, gebrauchsfähig zu werden, als die unsichtbaren oder sichtbaren Zubringer und Veränderer der dramatischen Handlungsbilder.

Ich versuchte die Lichtbühne in rohen Konstruktionen schon verschiedentlich. In *Hoppla, wir leben!* nannte ich das Gerüst damals die lichtdurchlässige Bühne. (Es ging mir ja nicht allein um das Technische im Sinne unserer technisierten Zivilisation oder auch nur um die wissenschaftliche Analyse, sondern um das Vorstoßen in einen neuen Bühnenraum, der wie alles andere seinen Ursprung in der künstlerischen Intuition hat.) Aber es blieb noch immer der Bühnenboden hart und hölzern, er ließ sich nicht durchbrechen. Die Phantasie klebte buchstäblich am Boden.

Das Licht befreit den Fuß vom Boden.

Die Lichtbühne kann Röntgenaufnahmen der Kunst herstellen.

1954

Erwin Piscator über Theater

Gespräch mit Angélica Hafner für die Zeitschrift *théâtre populaire*

»Ich glaube, daß die Erneuerung des Theaters nicht allein von dem abhängt, was auf der Bühne geschieht, sondern im gleichen Maße vom Publikum«, sagte Piscator uns als erstes.

»Man darf die Kunst nicht allein vom Standpunkt der Zerstreuung und Unterhaltung sehen, sondern als eine Experimentieranstalt menschlichen Verhaltens und der moralischen Erziehung. (Diderot und Schiller haben diesen Gedanken vor mir gehabt.) Man muß sie im Zusammenhang mit der Form der Gesellschaft und deren Umwandlung in eine wahre menschliche Gemeinschaft sehen.

Das politische Theater wird als historische Notwendigkeit aus dieser Konzeption geboren.

Was mich betrifft, so inszeniere ich nicht nur, um meine Kunst zu zeigen, sondern um den Zuschauern (also dem Volk) bewußt zu machen, daß ihr persönliches Leben, ihre einzelnen Handlungen bestimmt sind durch die sie umgebende Welt.«

»Sie sind also Vorkämpfer eines aufklärenden Theaters, eines didaktischen Theaters. Wie haben Sie in Ihren technischen Neuerungen dieses Anliegen verwirklichen können? Wir denken hier besonders an Ihre Globus-Segment-Bühne, die Ihre große formale Neuerung in den zwanziger Jahren war.«

»Ich wollte etwas anderes machen als Illusionstheater oder, wie Reinhardt, magisches Theater, ich wollte ein Theater, das die epische Nachgestaltung des wirklichen Lebens erlaubt. Wir, das waren einige, die krank oder gebrechlich aus dem Kriege kamen, oft sogar mit Blut an den Händen, wir wollten etwas Neues schaffen. Wir kämpften gegen das ›Mysterienhafte‹, das ›Geheimnisvolle‹, ›Zauberhafte‹ im Theater. Wir wollten dem Zuschauer das Gefühl geben, daß er im Theater ist, und zwar nicht, um dort ein phantastisches Leben zu erleben, sondern ein Leben, das größer ist, Teil des wirklichen Lebens, vielfältiger Teil, zusammengesetzt aus den zahlreichen Ereignissen, die alle den Menschen betreffen.

Darum haben wir die Globus-Bühne entwickelt. Die Globus-

Bühne erlaubte mir zum Beispiel, den Weltkrieg in seiner inneren und äußeren Beziehung zum Menschen zu zeigen, während ich gleichzeitig seine politische und wirtschaftliche Wirkung auf die Gesellschaft demonstrierte. So konnte die Reihe bedeutsamer Lebensvorgänge auf der ersten Ebene erscheinen, und die persönlichen, sexuellen, anekdotenhaften Geschichten, die im übrigen den Grund ausmachen, warum die Leute ins Theater gehen, spielten auf den Seitenbühnen, auf den Segmenten.

Die Geschichte der Erschaffung der Welt ist die von Revolutionen und Kriegen. Deshalb wollte ich ein episches Theater schaffen, das dies dem Zuschauer begreiflich macht. Das war im Augenblick der Bedrohung durch Hitler besonders wichtig.

Was *Krieg und Frieden* anbelangt, so handelt es sich dabei um ein notwendiges Werk, ein Werk, das abolut notwendig geworden ist in der Welt, in welcher wir leben und in der weit mehr von Krieg die Rede ist als vom Frieden.«

»Trotzdem, der Roman Tolstois ist nicht ausdrücklich gegen den Krieg?«

»Tolstoi war überzeugter Pazifist, unsere Schlußfolgerungen aber sind in Wirklichkeit andere: während für Tolstoi das natürliche Leben trotz der Kriege weiterging, sagen wir, daß es eines Tages aufhören wird. Die Prinzipien Tolstois sind metaphysisch, unsere sind konkret. Es scheint mir nicht nutzlos zu sein, in der Zeit der Wiederaufrüstung Deutschlands auf die von Krieg zu Krieg wachsende Zahl der Toten hinzuweisen.«

»Es handelt sich also um ein ›Gelegenheitswerk‹?«

»Nicht ganz. Ein amerikanischer Regisseur schlug mir 1937 in Paris vor, den Roman für die Bühne zu bearbeiten. Ich habe mich mit Alfred Neumann, dem Autor des *Patrioten*, an die Arbeit gemacht; leider ist Hitler schneller mit seinem Krieg gekommen als wir mit unserem Frieden.«

»Hätten Sie das Stück damals in derselben Fassung gezeigt wie heute?«

»Sie haben zweifellos bemerkt, daß ich in meiner jetzigen Inszenierung das Prinzip der Globus-Bühne beibehalten habe. Hier ist es die Schicksals-Bühne, ihre geneigte Ebene, die die Rolle der Globus-Bühne spielt und auf der sich die treibenden Elemente der Geschichte, in vergrößerter Form, konkretisieren. So können die Schauspieler das Leben beispielgebend auf zwei Ebenen spielen. Das Leben im weiteren Sinne, die historischen Ereignisse, die nicht zufällig sind, bilden den Hintergrund.

Seit 1914 sind es immer dieselben Gedanken, die mich beschäftigen. Das Gesamtschicksal des Menschen ist kein religiöses, kein astrologisches Schicksal; es ist ein historisches, und wir können es korrigieren, wir können es in unsere Hände nehmen. Das griechische Schicksal, ja, aber transponiert durch Marx, von neuem eingefügt in die soziale und politische Wirklichkeit. Das Problem für den Theatermann ist, dem Zuschauer seine eigene Geschichte zu enthüllen, die Geschichte der Gesellschaft, die politische Geschichte. Wenn ich politisch sage, denke ich an das griechische Werk polis, d. h., ich denke an das Wort Stadt. Kurz gesagt, es geht darum, den Zusammenhang zwischen dem Makrokosmos (der Gesamtheit der historischen Welt) und dem Mikrokosmos (der einzelnen Persönlichkeit) aufzudecken. Denn kein Mensch kann aus dieser Welt. Jeder ist notwendigerweise an sie gebunden, nicht durch geheimnisvolle Bande, sondern durch die der ihn umgebenden Realität. So kann ein schwaches Stück durch seine Beziehung zur Entwicklung der Welt ein Ausdruck universeller Geschichte werden.

Die Anordnung der Sitzplätze ist eine genauso wichtige Frage, und ich habe ihr besonders Rechnung getragen, als wir am Projekt des Gropius-Theaters arbeiteten.«

»Welche Umstände haben Sie dazu geführt, mit Walter Gropius dieses ›Totaltheater‹, das leider im Zustand der Planung geblieben ist, zu entwerfen?«

»Das war 1926. Eines Tages, nach einer Vorstellung von Schillers ›Räubern‹, wurde ich einem äußerst reichen Herrn vorgestellt, der mich fragte, ob ich gern ein Theater für mich haben möchte. Ich verließ sein Büro mit einem Scheck über 400000 Mark und plante mit Gropius ein Theater aus einer ganz neuen Auffassung heraus. Die Mehrzahl der Theater der Welt wurde nach Auffassungen gebaut, die der feudalistischen Gesellschaft entsprachen. Zum Beispiel das Theater Sarah Bernhardt. Meiner Meinung nach werden die Theater der Zukunft nicht mehr von Architekten gebaut, sondern von Ingenieuren und Technikern; ich sagte das gelegentlich vor einigen jungen Architekten in Stockholm. Man muß von allen Plätzen aus an der Handlung teilnehmen können. Es gibt dafür verschiedenartige Projekte: Arenatheater, drehbare Sitzplätze etc.

Andererseits denke ich, daß man der Bühne größtmögliche Dimension und Vielfalt geben soll: Rolltreppe, Drehbühne, Filme, die wie der Chor in der antiken Tragödie zu betrachten sind... Und vor allem heißt es, vom Licht Gebrauch zu machen. Das Licht erst schafft den szenischen Raum. Das Licht von unten – ich habe es in *Krieg und Frieden* für die Schräge der Schicksals-Bühne angewandt – hebt den Raum auf und vermag sogar eine Wandlung in unserer Auffassung vom menschlichen Körper hervorzurufen. Ich glaube, daß es genauso möglich wäre, einen Schauspieler nackt auf die Szene treten zu lassen, ohne daß es im mindesten obszön wirkt.

Das Theater von Gropius, das drei Spielflächen besaß, vereinigte in sich zahlreiche Möglichkeiten: man konnte zum Beispiel die Sitzplätze um neunzig Grad drehen. Diese Bühnen stellten an die Schauspieler hohe Anforderungen und verlangten von ihnen viel Selbstbeherrschung und Ungezwungenheit der Bewegung.«

»Welche Mittel benutzten Sie, um beim Schauspieler diese Ungezwungenheit der Bewegung hervorzurufen? Nach welchen Prinzipien leiteten Sie Ihre Theaterschule in New York?«

»Ich habe mich immer daran gehalten, die schöpferische Persönlichkeit des Schauspielers zu entwickeln, sie zu formen, sie zu kultivieren und mit sich selbst in Übereinstimmung zu bringen; darin stehe ich Stanislawski sehr nahe.

Desgleichen denke ich, daß der Schauspieler nicht nur mit seinem Kopf und seiner Stimme, sondern mit seinem ganzen Körper, vom Tanz bis zum Gesang, Schauspieler ist. Doch es ist unmöglich, das ganze System Stanislawskis für unsere Epoche zu übernehmen. So empfiehlt Stanislawski dem Schauspieler, sein Lampenfieber dadurch zu bekämpfen, daß er die Aufmerksamkeit auf irgendein Detail richtet (zum Beispiel die Hacken seiner Schuhe intensiv betrachtet), damit er sich nicht vom Publikum beobachtet fühlt. Dieses System wurde in der UdSSR von Nikolai Ochlopkow in seinem Arenatheater sehr weit getrieben: Die Schauspieler vergaßen so sehr, auf der Bühne zu sein, daß sie die Zuschauer bisweilen baten, ihnen beim Brotschneiden, beim Schuheschnüren etc. zu helfen.

Für mich muß der Schauspieler im Gegenteil eine direkte Beziehung zum Zuschauer haben, und sie ist es, die die Angst vor dem schwarzen Nichts des Saales vertreibt. Wohlverstanden, dies ist keine Kritik am Prinzip des Arenatheaters, das ich selbst benutzt habe, vor allem zu Anfang meiner Laufbahn, vor einem Arbeiterpublikum in einem Fabrikhof. Wenn ich Tschechow einstudiere, verwende ich selbstverständlich das System Stanislawskis, das für die Stücke Tschechows wie geschaffen ist.«

»Wenn ich Tschechow einstudiere... sagten Sie. Glauben Sie also, daß die Stücke Tschechows, die keinen zeitbezogenen Inhalt haben, allgemein gesprochen, daß die Klassiker noch gespielt werden können?«

»Gewiß. Man muß Tschechow, Ibsen, Strindberg usw. spielen, und das nicht nur aus rein historischen Gründen. Es geht übrigens nicht darum, sie zu modernisieren. Ich bin völlig dagegen, daß man die Stücke Tschechows auf einer Bühne ohne Ausstrahlung spielt, denn man läuft Gefahr, dabei Atmosphäre und Aroma der Aufführung zu verlieren. Wir müssen das klassische Erbe übernehmen und dafür die alten szenischen Formen, freilich mit dem gesellschaftlichen Kommentar, nutzbar machen. Zum Beispiel bei Tschechow darf man nicht den Rahmen der bürgerlichen Welt zu Ende des 19. Jahrhunderts aus dem Auge verlieren. Man muß im Bühnenbild sehr genau festgelegte Elemente beibehalten: Gärten, kleine Bäume, Blumen... Doch heute ein Stück in drei Akten zu schreiben, mit einem dramatischen Konflikt, der perfekt geknotet und wieder aufgelöst wird und an dem der Zuschauer teilnimmt, ist ein Anachronismus.«

»Man hat oft diesen ›gesellschaftlichen Kommentar‹, diese Art der Behandlung, die Sie den Klassikern angedeihen lassen, als Formalismus betrachtet. Sind Sie bereit, auf diese Anschuldigung zu antworten?«

»Ja, ganz offen: ich kann kein Formalist sein. Übrigens genausowenig wie Brecht. Brecht ist mein Bruder, doch unsere Sicht der Gesamtheit der Dinge ist unterschiedlich: Brecht enthüllt bedeutsame Details des sozialen Lebens, ich versuche eher, eine Schau der politischen Dinge in ihrer Totalität zu geben. In gewissem Sinne kann man sagen, daß seine Mutter Courage eine zeitlose Figur ist. Ich hätte versucht, sie historischer darzustellen, indem ich den Dreißigjährigen Krieg gezeigt hätte. Mir geht es darum, die politische Wirklichkeit in ihrer Bewegung zu zeigen. Brecht will quer durch gewisse Epochen arbeiten, deren Struktur er enthüllt; ich möchte vielmehr eine kontinuierliche Entwicklung zeigen. Unser Unterschied liegt im Wort episch, unter dem ich etwas verstehe, was auf die Errichtung einer heroischen, einer auf den Menschen gegründeten Gesellschaft abzielt. In dieser Hinsicht scheinen mir die *Bibel* und die *Edda* Werke zu sein, in denen sich dieses epische Element findet.

Andererseits scheint Brecht überzeugt zu sein, daß die Menschen nur gut sind, wenn sie arm sind; für mich steht die Frage nicht so. Die Menschen sind weder gut noch schlecht. Es ist die Verbesserung der Lebensbedingungen im Sozialismus, die den Menschen moralisch bereichern wird. Im übrigen ist Armut nicht mehr die vorherrschende Lebensbedingung der Arbeiterklasse; es gilt den Akzent auf die in ihrer Totalität begriffene historische Wirklichkeit zu setzen.

Doch zurück zum Formalismus. Man ist kein Formalist, wenn man die großen menschlichen Fragen nicht aus dem Auge verliert. Das hat ein Mann wie Reinhardt nicht verstanden: in seinem Theater wurden die Mittel zum Zweck, die Gesten der Schauspieler, die sehr präzisen und in äußerste Auflösung geratenen Gesten, bedeuteten nichts mehr; was man erreicht hatte, war eine Art menschlicher Mechanismus von vollkommenster Feinfühligkeit, doch abgeschnitten von der Welt.

Das trifft in gewissem Maße auch auf Meyerhold zu, mit seiner Überkultivierung der Mittel, einer Überkultivierung, die nicht mit der des Publikums Schritt hielt, die wohl künstlerische Vollkommenheit schuf, aber leer blieb.«

»Sie sprechen von Meyerhold... Sie haben in der UdSSR an Aufführungen sowjetischer Autoren mitgearbeitet. Glauben Sie, daß die sowjetische Dramaturgie dieses historische Theater darstellt, dem Sie, scheint es, so gern begegnen?«

»Es gibt eine große Disproportion zwischen der Weite des Lebens in der UdSSR und dem Theater, abgesehen, sagen wir, von den erstklassigen Werken Nikolai Pogodins und der *Optimistischen Tragödie,* dem einzigartigen Meisterwerk Wischnewskis. Die großartigen Leistungen der Sowjetunion haben seit dem Augenblick, in dem die Fachleute von Theater und Film sich davor fürchteten, der technischen Entwicklung zu folgen, oder ihr einfach nicht folgen wollten – etwa seit 1932 –, nicht ihren Ausdruck in der Kunst gefunden. Zum Beispiel hat man lange gezögert, bevor man das Travelling für meinen Film *Der Aufstand der Fischer,* den ich 1934 in Rußland gedreht habe, übernahm.

So hat sich mehr und mehr eine Kluft zwischen der in unaufhörlicher Entwicklung befindlichen Erfahrung des täglichen Lebens auf der einen Seite und den durch Mißtrauen gegenüber den technischen Möglichkeiten beschränkten künstlerischen Leistungen auf der anderen Seite aufgetan.

In den Vereinigten Staaten ist, im Gegensatz dazu, der kulturelle Fortschritt weit hinter dem technischen zurückgeblieben. Der amerikanische Naturalismus ist eine sentimentale Darstellung der Wirklichkeit, er bildet aber keineswegs eine wissenschaftliche Analyse. Es handelt sich immer um das Kleinbürgertum und seine Weltauffassung, die überall dasselbe ist: sentimental.«

»Viele Zuschauer von *Krieg und Frieden* waren von der Spärlichkeit des Orchesters betroffen, von der zurückhaltenden musikalischen Begleitung. Welchen Platz nimmt die Musik allgemein in Ihren Stücken ein?«

»Ich bin der Ansicht, daß die Bühnenmusik funktionsgebunden sein muß. Sie kann dazu dienen, die Atmosphäre näher zu bestimmen, oder sie kann zur Erklärung der Handlung beitragen; doch sie darf nicht die Handlung überfluten und zur Oper werden. Das ist, was ich dem ›Kaukasischen Kreidekreis‹ vorwerfe. Ich selbst habe politisch aggressive Chöre eingesetzt, doch zu vermeiden versucht, daß sie allzu unabhängig werden.«

»Die Erwähnung der politisch aggressiven Chöre führt uns zu Ihrer Konzeption des politischen Theaters, dem Theater der ›Provokation‹. Glauben Sie nicht, daß es besser wäre, dem Zuschauer die Freiheit zu lassen, aus dem, was er auf der Bühne sieht, selbst seine Schlußfolgerungen zu ziehen; ihn, in einem Wort, selbst ›urteilen zu lassen‹?«

»Ich fürchte, daß es dem Zuschauer an Vorstellungskraft fehlt. Ich fürchte, daß er allzu ›unschuldig‹ ist. Wie sonst wäre Hitler an die Macht gekommen? Wie sonst hätten die Verbrechen des Nazismus solche Verbreitung finden können?

Und dann, warum sollte das Publikum von zwanzig bis zweiundzwanzig Uhr Vorstellungskraft haben und von zweiundzwanzig Uhr bis zum nächsten Abend keine? Alles muß ihm erklärt werden. Daher die Notwendigkeit des Sprechers, des Kommentators. Im gewissen Sinne kann man sagen, daß der Zuschauer in einen Mitakteur verwandelt werden muß und der Akteur in einen Mitzuschauer. Zuschauer und Schauspieler müssen in einer Stimmung ungetrübter Heiterkeit vereinigt werden, die ihnen erlaubt, teilzunehmen an derselben, weder Anfang noch Ziel kennenden Bewegung der Gedanken, die genau jene Bewegung ist, welche die Welt auf epische Weise erklärt.«

1956

Die Dramatisierung von Romanen

Ich verstehe überhaupt nicht – um es von vornherein ganz unmißverständlich zu sagen –, wie es möglich ist, daß über die Frage, ob es statthaft sei, Romane zu dramatisieren, Kontroversen entstehen können. Bei diesem Vorgang von einer Häresie zu sprechen, erscheint mir lediglich einer Unkenntnis über die Entwicklung des Dramas zu entstammen.

Die Entwicklung des Dramas ist aus zwei Quellen erklärlich: die eine ist die Erzählung, die Sage, die Volksüberlieferung (der »Volksmund«) – die andere ist der Tanz und die Pantomime.

Wir können uns das griechische Drama ohne Homer nicht vorstellen. Also können, ja müssen wir eigentlich jedes Drama als eine Dramatisierung eines ursprünglich epischen Vorwurfs verstehen.

Ebensowenig können wir uns anders das chinesische Theater vorstellen, das einmal »das erzählende Buch« hieß.

Ebensowenig können wir uns ein indisches Theater vorstellen, wenn wir ihm nicht die Überlieferung der indischen Epik zugrunde legen.

Ebensowenig sind die Anfänge des europäischen Dramas denkbar ohne die Mysterienspiele, die auf der biblischen Geschichte beruhen.

Und wir hätten kein »Romeo und Julia«, wenn es nicht eine italienische Novelle gegeben hätte. Ebenso wissen wir, daß »King Lear« aus einer Ballade entstanden ist.

Es erübrigt sich wohl, mehr Beispiele anzuführen. Es erscheint fast müßig, sich darüber Gedanken zu machen, ob es statthaft sei oder nicht, einen epischen Vorwurf auf das Theater zu bringen, denn es ist zu allen Zeiten geschehen, und das Theater hat stets daraus Nutzen gezogen. So sind auch viele Dramen der modernen Zeit aus der Erzählung, der Novelle und dem Roman entstanden (Balzac, Maupassant usw.).

Aber das würde nicht genügen, um den Drang der Bühne nach Erweiterung zu neuen Aspekten zu erklären. Es gibt ein noch wesentlich aktuelleres Anti und Pro.

Das Anti: gegen die Verkürzung des Sinnes und der Worte, dem nach außen gedrückten Vorgang des inneren Erlebnisses in Abkürzung, Reflexion und Schrei – der Expressionismus. Dann ein Pro: die Erweiterung des inneren und nach innen gespielten Vorgangs in den Menschen – seine Verleugnung als alleinigem Kondensator der Geschehnisse und Ereignisse – ja, eher seine unbewußte (oder wenig gekannte) Abhängigkeit von ihnen.

Konnte bis 1914 das »Individuum« noch in sich selbst hineinkriechen und sich hinter seiner Persönlichkeit verstecken (Ibsen, Strindberg, sogar Shaw, Wilde usw.), so trat von da ab der Kommiß-Stiefel in das verschleierte Gesicht der Sphinx von Sais, das Bildnis des Dorian Gray, zerriß an der Front den Schleier behüteter, verlogener Zivilisation – bis dahin »Kultur« genannt.

Die Persönlichkeit wurde weitgehend entpersönlicht. Nochmals versuchte der Expressionismus, sie – und auch die Künstler zu retten, die Ichbezogenheit wiederherzustellen, in zweifacher Beziehung, die zugleich auch die unüberbrückbare Kluft aufbrach, nämlich in einem das im Krieg erfahrene Gemeinschaftsgefühl mit der Masse zu erhalten, also Ich – und Masse, aber gemeinsam; zum andern mit jedem einzelnen, Vereinzelten das wiederherzustellen, was die Fronten entzweit hatte – nämlich das O-Bruder-, O-Mensch-Gefühl.

Wie wunderbar, wie glorreich waren jene Novembertage 1918! Die völlige Wendung gegen den Krieg; die Hände, über die Gefallenen hinweg ausgestreckt über die Schützengräben zu denen, die nicht länger Feinde waren. Das alles erschien ziemlich lächerlich, als knapp zwei Monate später in den Straßen Berlins die Körper der deutschen Arbeiter lagen. Namenlose Körper, ausgenommen die von Karl Liebknecht und Rosa Luxemburg.

Der große Brand von 1914–1918, die Schüsse im Januar 1919 in Berlin hatten für immer – im Sinne der Aristotelischen Lehre – die vierte Wand im Theater und im Drama niedergerissen.

Heute ist bekannt, daß sich die amerikanische Dramaturgie – von ein paar Ausnahmen abgesehen – in der Technik oder Aufführung auf dem Stande des naturalistischen Theaters von 1890 befindet, jener Wonne der kosmopolitischen petit bourgeoisie. Betrachtet man dagegen Europa – klassische Erinnerungen »à la Giraudoux«, das intellektuelle Feuerwerk eines Anouilh, die Verse eines Fry, die retrospektiven flüchtigen Blicke eines Kafka, alles das atmete die Luft eines ungesunden und reaktionären Zeitalters.

Geben wir uns keiner Illusion hin: unsere Zeit, die schrecklichste und zugleich progressivste, die es jemals gab, besitzt keine ihr würdige dramatische Literatur, weder vom Stoff noch von der Form her (abgesehen von bestimmten Stücken oder Szenen von Brecht, Sartre, O'Neill, Arthur Miller, Robert Penn Warren und O'Casey). Das ist der Grund, weshalb ich mich dem Roman zuwandte.

Gewisse Philologen lehren, die reine Form auf dem Theater zu verteidigen. Da muß ich lachen. Wie aktuell sind diese reinen Formen? Diese Leute sind niemals bis zu den Griechen zurückgegangen; sie können nur Shakespeare lesen, und das in deutsch, in der Schlegel-Tieck-Ausgabe, wozu zu sagen ist, daß sie ihn mit Schiller verwechselt haben. Was Schiller angeht, können sie ihn nur von seiner Form her begreifen. Sie haben die moralischen Fragen Diderots niemals ernst genommen, noch sind sie dafür eingetreten; sie blätterten blind im Winckelmann und hielten sich eisern an die Tradition und den Ausspruch Götz von Berlichingens, womit sie »Die ganze Richtung paßt mir nicht« meinen – nämlich die wahre Kultur.

In jüngster Zeit nun hat sich eine besondere Entwicklung angebahnt, die nicht unähnlich der Entwicklung im Film, ja vielleicht sogar durch ihn mit beeinflußt ist: die Dramatisierung von Romanen in der Form des spezifischen »epischen« Theaters.

Meine eigene Praktik in mehr als dreißig Jahren als Theaterregisseur und meine bei der Gewinnung epischer Stoffe für das Theater gesammelten Erfahrungen mögen mir erlauben, zu dem Problem der Dramatisierung von Romanen auf eine Reihe praktischer Ergebnisse hinzuweisen.

Als ich in Berlin in den zwanziger Jahren nach geeigneten Stükken für das neue Theater, das mir vorschwebte, Ausschau hielt, mußte ich sehr bald feststellen, daß die vorliegenden zeitgenössischen Bühnenstücke in Form und Aussage nicht ausreichten, um mich das verwirklichen zu lassen, was ich mit meinem Theater wollte: die Bühne als moralische Anstalt im Diderot-Schillerschen Sinne neu zu beleben, sie aber zugleich mit dem vollen Leben der zeitgenössischen Problematik zu erfüllen. Dabei spielten natürlich auch die auftauchenden neuen Bühnenmittel eine Rolle.

Jahrhundertelang hatte die »Guckkastenbühne« als strenges und unumstößliches Stilmittel aller abendländischen Theaterkunst gegolten. Die »vierte Wand« – der Vorhang – trennte Schauspieler und Publikum, schied starr das Spiel auf der Bühne, den »schönen Schein« von der Wirklichkeit der – wie sie Hamlet nennt – »Gründlinge im Parkett«.

Wer aus den Weltkriegs-Schlachtfeldern des Grauens heimkehrte in die Welt des Alltags, fand die alten Tafeln satter Bürgerlichkeit unwiederbringlich zerbrochen. So, wie es bisher war, konnte das Leben nicht weitergehen. Und das Theater, der Spiegel des Lebens, sollte in den alten Formen verharren, in denen es trotz Naturalismus und Realismus verhärtet geblieben war?

Es gab gar keine andere Wahl: man mußte die »vierte Wand«, die trennende, einreißen, um Theater und Leben, Schauspielkunst und Wirklichkeit in Verbindung, in Übereinstimmung miteinander zu bringen. Und hierzu bot sich mir – als legitimes Mittel der modernen Zeit – die Technik an: die Technik des Lichts, die nicht nur die Nacht in Tag verwandelt hatte, sondern die auch neuartige Wirkungen ermöglichte, indem sie den einzelnen Darsteller auf der Bühne vor anderen heraushob, das Spiel pointierte, akzentuierte, leitmotivartig unterstrich und den Blick des Zuschauers – der später genutzten »Großaufnahme« des Films ähnlich – nach dem Willen des Regisseurs lenkte.

Hier schlug die Geburtsstunde des »entfesselten« Theaters, eines Theaters, das mit Hilfe der modernen Technik Bewegungsvorgänge schuf, die die alte Bühnenstarre überwanden und das Theater aus dem statischen Zustand in einen dynamischen gelangen ließen, so daß nunmehr das Crescendo der Handlung auch einem Furioso der Bewegtheit von Schauspielern und Dekorationen unmittelbar anschaulich gemacht werden konnte.

»Die Kunst hat nicht die Aufgabe, das Sichtbare darzustellen; sie macht sichtbar«, hat uns Paul Klee gelehrt. Dieses »Sichtbar-Machen« war es, was mich reizte und was ich bis auf den heutigen Tag als meine wichtigste Aufgabe als Regisseur empfinde.

Durch das Aufheben der Illusionsbühne mit ihrer vierten Wand und durch das konsequente Mitspielen der Hintergründe wurde die Bühne plötzlich offen für größere, epische Stoffe und weit über Individualfälle hinausreichende Schicksalsgestaltungen. Dazu gebrauchte ich neue konstruktive Bühnenelemente wie die lichtdurchlässige Bühne in *Hoppla, wir leben!*, die Globus-Bühne in *Rasputin* und so auch das laufende Band im *Schwejk*.

Meine Inszenierung der *Abenteuer des braven Soldaten Schwejk* bietet ein besonders gutes Beispiel dafür, wie ein Roman in seinem natürlichen Ablauf durch die Dramatisierung auf die Bühne gebracht werden kann.

Max Pallenberg hatte mir eine von Max Brod und Hans Reimann versuchte Dramatisierung dieses Romans vorgelegt, die mich sehr enttäuschte: Aus der metaphysischen Verneinung des Militarismus durch die naiv-tumbe Gestalt dieses pfiffigen Prager Vorstadt-Parzifals war ein mißratener dreiaktiger »Militär-Schwank« geworden. Um das Grundthema zu retten und wiederherzustellen, ließ ich mir von dem Bearbeiter-Paar das Recht geben, Roman und Theaterstück nach der Vorstellung umzuformen, die ich von der einzig möglichen Dramatisierung dieses Vorwurfs besaß. Für die szenische Darstellung benutzte ich das »laufende Band«, weil auf ihm der Soldat Schwejk gewissermaßen auf symbolische Weise von seinem Heimatdorf an die Front marschieren konnte. Und da sich der Soldat bewegte, mußte sich auch seine Umwelt bewegen, und so setzte ich auch die Umwelt in Marsch. George Grosz zeichnete dazu dreihundert Zeichnungen in der Tricktechnik eines Walt Disney. Es traten Masken auf, wie sie heute Brecht im »Kaukasischen Kreidekreis« verwendet; so wie Brecht auch die Bewegung der *Mutter Courage* meinem Einfall des laufenden Bands verdankt, wenn er hier auch wieder auf die viel schwerfälligere Form der Drehbühne zurückgreift. Durch das laufende Band wurde die Form der Dekoration eine epische, beschreibende, wodurch allein die Umwelt des Romans wesensgetreu erfaßt werden konnte. Damit kam die Inszenierung im buchstäblichen Sinne des Wortes in einen epischen Fluß: Das laufende Band wurde zu einem dramaturgischen Niagara-Fall.

Es handelte, wie man sieht, sich überhaupt nicht um »Maschinentechnik«, wie eine oberflächliche Kritik derartige einschneidende Experimente mehr oder weniger heftig zu umstreiten versuchte und – da sie nichts dazugelernt und noch mehr vergessen hat – noch immer versucht, sondern um die Anpassung einer modernen, zeitgebundenen Bühne an ihre Zeit.

Und so lag auch der ersten, von mir zusammen mit Alfred Neumann versuchten Dramatisierung des berühmten Roman-Epos *Krieg und Frieden* von Tolstoi die Idee des laufenden Bands zugrunde. Wir haben diese Dramatisierung bewußt eine »Nacherzählung für die Bühne« genannt, und selbstverständlich geziemt sich jede nur denkbare Bescheidenheit bei der Gewinnung eines solchen gigantischen Werks mit seinen fast zweitausend Seiten für das Theater.

Aber ging es wirklich nur um die Dramatisierung des Romans und nicht vielleicht eigentlich um Tolstois Anti-Kriegs-Idee, die Kristallisation des Stoffes?

Es ereignete sich auch hier, wie beim *Schwejk*, daß man bei der Dramatisierung die epischen Elemente nicht einfach weglassen durfte. Schwejk konnte eben nicht nur einfach ein Offiziersbursche sein und als Handlung des Stücks die Verkupplung seines Leutnants mit der Schönen des anderen Geschlechts betreiben mit dem Ende: »Und wenn dann der Herr Leutnant Zwillinge haben möchte, so bitte ich, möchte ich von dem einen der Pate sein«, sondern er mußte die chemische Substanz bleiben, die die Unterdrückung der Tschechoslowakei durch die österreichische Monarchie und den Krieg von 1914/18 umwetterleuchtete.

Nicht die einfache Liebesgeschichte zwischen Andrei Bolkonski mit Natascha, ihr tragischer Ausgang und die problemvolle Freundschaft und Liebe Pierre Besuchows konnten allein die Handlung bilden. Die schicksalsbestimmenden Kräfte der Feldzüge Napoleons, die mit Napoleons Heeren nach Osten wandernde Französische Revolution, die von Kutusow geleitete oder mehr erlittene Verteidigung Rußlands, kurz, die Um- und Inwelt mußten in eine Beziehung gesetzt werden, die zwar auch Tolstoi vorschwebte, aber eine neue sinnbildliche Prägung erhielt.

In unseren sieben bis zehn ersten Versionen war zunächst Pierre zugleich auch der erzählende Kommentator, bis wir einsahen, daß dabei dem Stück noch immer die überzeugende Größe, der weite Atem mangelten, und so setzten wir schließlich einen richtigen »Erzähler« in die Mitte der Bühne.

Den »Erzähler« verwende ich seit 1920 – in *R.R.R.* (*Revue Roter Rummel*), *Paragraph 218, Fahnen,* auch in Dreisers *Amerikanischer Tragödie,* die ich in der Bühnenform nach Amerika an den Broadway brachte –, und nicht Thornton Wilder ist sein Erfinder. Aber wozu Anspruch darauf erheben, wer der erste war: der griechische Chor, Stanislawski, Katschalow usw. mag man als seine Vorläufer erkennen.

Bei allen Angleichungen an Tolstois Roman entstand mit unserer Dramatisierung trotzdem eine neue Form, die nur dem Theater eigen ist, den griechischen Klassikern vergleichbar oder dem chinesischen »gesprochenen Buch«...

Es erscheint den Philologen unter den Kritikern nur einfacher, naiver, »linearer«, und sie haben die leichte Ausrede, diese Form sei dem Roman entlehnt – oder dem Film –, während sie in Wirklichkeit, ja gerade in ihrer allgemeinen Verständlichkeit, der das wahre Publikum rückhaltlos erliegt, einen neuen, völlig modernen Einbruch in das legale Theater darstellt und die Pforten zu einem neuen Theaterstil weit aufstößt.

Ich bin unbescheiden genug zu behaupten, daß es sich, für unsere Zeit wenigstens, um völlig neue Elemente handelt, die das alte Illusionstheater, seinen Darstellungsstil und seine Dramaturgie auffliegen lassen, mit der Gewalt einer Atombombe die Portale der Bühne zerstören und den Zuschauern andere Aspekte und Leuchtpunkte vermitteln.

Es stimmt: dies alles ist noch sehr in den Anfängen. Leider. Die zwanzigjährige Unterbrechung kann nicht von heute auf morgen vergessen gemacht werden. Damals hatte ich mein eigenes Theater, und die Mittel gehorchten mir allein – teilweise.

Immerhin darf ich wohl jenen Teil meiner überklugen Kritiker übergehen, die diesen Versuch einer Dramatisierung und damit einer Gewinnung des großen epischen Werks für die zeitgenössische Bühne mit der Klage abzulehnen sich berechtigt glauben, daß von den zweitausend Seiten des Romans unendlich viel weggelassen, vieles in aphoristischer Verkürzung, manches in einer von Tolstoi anders geschehenen handlungsmäßigen oder psychologischen Verknüpfung gestaltet werden mußte. Wenn ich vorher den »konservativen«, altmodischen Sinn unserer Bühnentechnik beklagte, so muß ich hier nicht weniger heftig den altmodischen Geschmack eines Teils der heutigen Theaterkritiker beklagen. Gehen diese Leute nicht ins Kino? Verachten sie den Film? Und mit ihm die Milliarden moderner, zum Teil ebenfalls höchst anspruchsvoller Zeitgenossen, die kein Wort darüber verlieren, daß sich der Film ständig jedes nur denkbaren epischen Vorwurfs bedient? Oder »darf« – nach Meinung jener in altmodischer, geschmäcklerischer Eigensinnigkeit schreibender Kritiker – der Film, was das Theater etwa »nicht darf«? Welch geradezu kindische Unterscheidung wäre dies!

Lassen Sie mich noch einmal kurz zu dem »Schock« zurückkehren, den meinetwegen ein literarisch Gebildeter im ersten Moment empfinden muß, wenn er hört, daß man das Wagnis unternimmt, ein zweitausend Seiten langes Roman-Epos für einen Theaterabend zu destillieren und – um es in jenem Kritikerjargon nicht ganz gewählt auszudrücken – »auf Flaschen zu füllen«.

Einen solchen »Schock« scheint beispielsweise Gabriel Marcel empfunden zu haben. Um so mehr hat es mich beglückt, in seiner Besprechung über die Pariser Aufführung von *Krieg und Frieden* in meiner Inszenierung des Berliner Schiller-Theater die folgenden Sätze (in *Les Nouvelles Littéraires*) zu lesen: «Lorsque, il y a quelques années», – schreibt Gabriel Marcel – «j'entendis chez des amis le grand metteur en scène Erwin Piscator nous dire qu'il se proposait de porter à la scène LA GUERRE ET LA PAIX, je n'en crus pas mes oreilles, l'entreprise me paraissait insensée, presque inepte. Il faut reconnaître que, après avoir assisté au spectacle que la Schiller Theater de Berlin vient de nous présenter au Festival international d'art dramatique, cette incroyable gageure, Piscator l'a somme toute tenue. Le spectacle qui à la générale a remporté un succès presque triomphal, fournit, il me semble, un exemple remarquable de ce que pourrait et devrait être un thèâtre populaire. Le spectacle est bouleversant et aura un profond retentissement dans la conscience de ceux qui y ont asisté...»

Ich verhehle nicht, welch aufrichtige Freude mir dieses Bekenntnis des durch mein Experiment vom Saulus zum Paulus gewandelten Dichters bereitet hat, der gewiß allein schon durch seine Persönlichkeit und sein gewaltiges dichterisches Werk nicht im Verdacht steht, dichterische Interessen etwa zugunsten irgendwelcher Theatererfordernisse (wie man es mir, wenn man böswillig sein will, vielleicht vorwerfen könnte) zu »verraten«.

Lediglich die altmodischen, »geschmäcklerischen« und unschöpferischen Kritiker habe ich nicht auf meiner Seite – und damit vermag ich mich abzufinden. Wenn ich es auch recht bedenklich finde, wenn von diesem Teil unbelehrbarer und einsichtsloser Kritiker bei den meisten Rezensionen die Tatsache geleugnet, verschwiegen oder verkleinert wird, daß die Theaterbesucher, die die Inszenierung von *Krieg und Frieden* miterlebten, jedesmal durch den Stoff und seine Form von Begeisterung aufgewühlt und hingerissen waren und sind und offenbar ein echtes Erlebnis ihrer Zeit gefunden haben. Es genügt mir, festzustellen, daß das Publikum durch seinen Beifall eine eindeutige Antwort auf die Frage nach der Richtigkeit meiner Theorie gibt.

Und wie gleichgültig dabei alle theoretischen Überlegungen sind, zeigt die Praxis. Es werden nicht nur Romane verfilmt und zu Theaterstücken umgearbeitet, man macht auch Theaterstücke zu Filmen, einer dem Roman nahestehenden Gattung, und es ist bekannt, daß kaum ein Theaterstück in New York das Licht der Bühnenwelt erblickt, dessen Autor nicht noch vor seiner Geburt nach Hollywood schielte – und das auch am Ende dort produziert wird.

Vielleicht mein Freund Robert Penn Warren ausgenommen. Er schrieb ein Stück in Versen über den Louisiana-Diktator Huey Long, das den Titel *Wildes Fleisch* (*Proud Flesh*) erhielt. Nachdem er es lange Zeit unvollendet liegengelassen hatte, benutzte er den Stoff für einen Roman (*All the King's Men*), aus dem er schließlich in Zusammenarbeit mit mir ein »episches« Theaterstück und schließlich einen Film machte.

Noch bevor ich dieses Stück am Broadway zur Uraufführung brachte, hatte ich einen großen Erfolg mit einer eigenen Dramatisierung des Romans *Eine amerikanische Tragödie* von Dreiser, die der Dichter wegen der streng konstruktiven Anlage und des Gewinns einer besonderen Tiefendimension durch den »Sprecher«, wie er mir erklärte, als die weitaus beste Fassung seines Stoffes empfand.

Beide Romane sind – wenn auch nicht so umfangreich wie Tolstois »Krieg und Frieden« – breit ausladende, gewaltige epische Schöpfungen, und in beiden Fällen mußte der Bearbeiter, der daraus eine epische Bühnenfassung herstellen wollte, fast verzweifeln oder wenigstens resignieren angesichts der hier ausgebreiteten Fülle von Motiven, Handlungslinien und Charakteren.

In beiden Fällen erwies es sich, daß das Stilmittel des »Erzählers« nicht etwa eine Verlegenheitslösung des epischen Theaters darstellt, sondern eine echte Bewältigung epischer Vorgänge erlaubt. Die zunächst rein technisch notwendige »Verkürzung«, deren die Bühne schon wegen ihrer Zeitnot gegenüber dem Roman bedarf, stellt sich nämlich in der Praxis als ein ganz eindeutig legitimes Stilmittel heraus, das den Roman auf der Bühne gleichsam auf eine neue Ebene transponiert. Der gleiche Stoff erwies sich in allen Fällen in dieser Darstellung auf der Bühne als ungleich erregender, der Sprecher mindert nicht etwa die Dramatik, sondern verstärkt sie, indem er gleichzeitig den Zuhörer aktiver macht und zu einer wesentlich größeren Teilnahme zwingt, als es der epische Vortrag des Romans zustande bringt.

So habe ich immer wieder empfunden, daß ein Publikum, das von einem großen Roman tief ergriffen ist, von der Dramatisierung dieses Romans auf der Bühne geradezu elektrisiert wird. Und es ergibt sich in der Praxis das seltsame Paradoxon, daß der Roman gegenüber der Bühnenfassung merkwürdigerweise viel »skizzenhafter« anmutet. Es muß wohl daran liegen, daß die Erweckung aus der Eindimensionalität des gedruckten Buchs in die Dreidimensionalität des Bühnenlebens eine besondere Qualität zustande bringt, deren überzeugender, beglückender Wirkung gegenüber die Gretchenfrage nach der angeblichen »Illegalität« oder »Häresie« einer Roman-Dramatisierung zu einem ästhetischen Luftballon zusammenschrumpft, in dem tatsächlich, wenn man nachsieht oder neugierig hineinsticht, nichts anderes als »Luft« enthalten ist.

Bei der Dramatisierung von *All the King's Men,* die endlich in diesem Herbst auch auf die westdeutschen Bühnen kommen wird, wird man hinsichtlich der »epischen« Aufbereitung eine neuartige Variante beobachten können. Wir haben in diesem Falle den »Sprecher« (den man bei allen epischen Bühnengestaltungen am ehesten als die »zentrale Intelligenz« im Sinne von Henry James verstehen mag) gewissermaßen in die Doppelgestalt zweier miteinander um den Wahrheitsgehalt und den »Sinn« der Handlung ringender Persönlichkeiten aufgespalten, wodurch – wie leicht einleuchten wird – dieses Stilmittel des epischen Theaters eine ganz besondere Profilierung, ja eine Tiefenschärfe bekommen hat, die uns bei allen dramatischen Vorgängen gewissermaßen ein »Drama im Drama« zeigt, welches dazu dient, die Aufnahmefähigkeit des Zuschauers für die Ereignisse auf der Bühne zu steigern, seinen Blick zu schärfen und sein Verständnis zu erhöhen.

Die »epische« Kunstform des Theaters hat kein anderes Ziel, als dem Zuschauer alle dramatischen Vorgänge gewissermaßen näher auf den Leib zu rücken, ihm – zusammen mit dem höchst instruktiven Mittel der »Rückblende«, die wesentliche Zusammenhänge der Charakterentwicklung, des Zusammenwirkens von Einzelschicksal und Gesellschaftsschicksal und alle Abhängigkeiten dieser einzelnen Elemente untereinander zu verdeutlichen vermag – den Blick zu schärfen für das dichterische Anliegen, dem es für seine Ausage letzten Endes ganz gleichgültig ist, ob eine Wirkung aus »dramatischem« oder aus »epischem« Bezirke kommt, solange das Theater nur das bewirkt, was von seinem Ursprung an bis auf den heutigen Tag seine höchste Aufgabe geblieben ist: daß der Mensch sich in ihm an einem Beispiel selbst erkennt und von dem »tua res agitur« angerührt wird – gestern wie heute wie morgen.

»Die Nominationen« – schreibt Dr. Ernst Müller im *Schwäbischen Tagblatt* nach meiner jüngsten Tübinger Inszenierung von *Krieg und Frieden* – »werden gleichgültig, ich frage nicht, ist das Theater des Gewissens, politisches Theater oder sonstwas, ich stelle fest, was uns Piscator vier Stunden lang geboten hat, war schlicht Theater, schlechtweg spannendes Theater, bedeutende Schauspielkunst, Exempel des Immer-Gültigen und Stetig-Menschlichen...«

1956

Meine ›Räuber‹-Inszenierung zur Eröffnung des neuen Mannheimer Nationaltheaters

Vor ungefähr einem Jahr fragte mich Herr Dr. Schüler, der Intendant des Mannheimer Nationaltheaters, ob ich zur Eröffnung des neuen Theaters die Inszenierung der *Räuber* übernehmen würde. Nach seinem Vorschlag machte er eine kleine Atempause, lächelte und sagte: – in Erinnerung wohl an meine *Räuber*-Inszenierung von 1926 am Staatstheater in Berlin – aber natürlich sei es diesmal ein Jubiläum, das 175. Uraufführungsdatum des 13. 1. 1782 gelte es zu feiern. Es sei wohl deswegen nicht angebracht, die *Räuber* mit Film und Spruchbändern zu versehen, um damit ihre Aktualität zu forcieren. – Ich lächelte daraufhin ebenfalls – ohne Pause – und sagte: gewiß, ich werde die *Räuber* ganz museal inszenieren, haben Sie noch Dekorationen von Herrn Dalberg im Magazin? – Ich werde genauso werkgetreu und pietätvoll Schillers *Räuber* inszenieren, wie Herr von Dalberg sie 1782 zu inszenieren glaubte. Vielleicht nicht ganz so museal, denn er wagte ja damals nicht, die *Räuber* in der »Gegenwart« spielen zu lassen, wie es Schiller vorgesehen hatte, sondern verlegte den Zeitpunkt der Handlung um 300 Jahre zurück in die Zeit der Aufhebung des Faustrechts unter Kaiser Maximilian II. Diese pietätvolle Korrektur des Herrn von Dalberg wollte ich freilich für 1957 aufsparen.

Während der Beschäftigung mit den verschiedenen Fassungen der »Räuber«, der Schillerschen Originalfassung wie auch der pietätvollen Korrekturen des Herrn von Dalberg in dieser, auf die Schiller selbst ja nur notgedrungen und wohl reichlich »sauer« einging, wurde es mir immer klarer, daß schon der erste Regisseur der *Räuber* diese vergewaltigt hatte. Nun, seit Jahrzehnten haftet mir ein ebensolcher Ruf an, von dem mich zu befreien dank der Hartleibigkeit vieler meiner Kritiker mir trotz zahlreicher Versuche noch nicht gelang, und es besteht wohl auch wenig Aussicht, daß es mir noch gelingt, denn dazu müßten viele meiner Kritiker umlernen, neu sehen lernen, und das kostet manche Mühe, die man sich halt lieber erspart.

Ich las meinen Schiller sehr aufmerksam. Freilich, manche Erinnerung an 1926 wurde in mir wach. Ich sah meine Amalia, die

Koppenhöfer, Paul Bildt als Spiegelberg, auch Harlan war in der Schar der »edlen Räuber«, bis er 10 Jahre später zum Paladin der Kanaillen wurde. Ich fand mein Regiebuch von damals wieder und sah die 30 Jahre alten Striche. Hatte ich Schiller damals vergewaltigt? Ich hatte ihn zu verstehen versucht! Die Gewalt seines revolutionären Pathos hatte ich in die Situation von 1926 zu übersetzen versucht. Darin sehe ich noch heute die Aufgabe des Regisseurs.

1926 befanden wir uns in der konkreten Situation der Nachrevolution. Man konnte – und mußte – Schillers *Räuber* dort hineinstellen, denn 150 Jahre Dalbergsche Räubertradition hatten das Pathos Karls ausgehöhlt, hatten die erregenden Tendenzen des jungen Schiller zu platten Sentenzen eines bildungsbeflissenen und saturiert selbstgefälligen Spießbürgertums werden lassen. Ganz zu schweigen von Franz, der Paraderolle der ersten Hoftheaterchargen, der kleinen zynischen Kanaille des bürgerlichen Salons. 1926 war mir die Figur des Karl unsympathisch. Ich gestehe es offen, ich sah hinter seinen pathetischen Freiheitsreden zu sehr die zynischen Phrasen der heraufkommenden Nazis verborgen.

Aber schon damals bemühte ich mich, an die Grundstrukturen dieses erregenden Schillerstückes heranzukommen, sie freizulegen. Karl, Franz und Spiegelberg, das war und ist das dialektische Dreigestirn der Schillerschen Freiheitsidee am Vorabend der großen Französischen Revolution, deren Ehrenbürger er werden sollte, obwohl er zu dieser Zeit seine Jugendposition bereits verlassen hatte und mit Kant – und nicht mehr Rousseau – das Rätsel menschlicher Freiheit zu lösen trachtete. 1926 stellte ich die »Räuber« in die Aktualität der revolutionären Situation, d. h., die »Räuber« sollten ein Aufruf zur Aktion, zur Durchführung und Erhaltung der revolutionären Sache sein. Spiegelberg war meine Hauptfigur, er starb damals – 1933 ahnend – von der Hand der Räuber Karls, denen ich im stillen die »Nacht der langen Messer« bereits zutraute. Ich ließ damals die *Räuber* dramatisch spielen, die Monologe konnten in den Hintergrund treten, denn ihre Voraussetzung wurde aus der Zeit heraus verstanden, und ihre Betonung verbat die Skepsis der Zeit gegenüber der Ichbezogenheit des Handelnden. So interessierte auch der Dialog Karl-Spiegelberg mehr als ein Monolog von Franz. Alles Epische der frühen Schillerschen Fassung wurde damals gestrichen und dem dramatischen Vorgang geopfert. Es zielte alles auf den dramatischen Konflikt hin, der natürlich aus der dramatischen Situation heraus entwickelt wurde. So strich ich damals die meisten reflektierenden Szenen und benutzte auch nur gering den »unterdrückten Bogen«.

1957 stehen wir an einem anderen Punkt. Eine zu direkte Zeitbezogenheit der »Räuber« würde die tiefere Aktualität Schillers einengen. Wir stehen heute, wo die Restauration und der Konformismus die elementaren Zweifel immer stärker werden lassen, an dem Punkt, wo es um die Neuorientierung des Begriffes der Freiheit geht. Wir leben in der Situation des *Wartens auf Godot*. Schiller mußte 1957 anders befragt werden. Zunächst legte ich größten Wert auf die Monologe. Ihre Herausarbeitung sollte das gedankliche Gerüst Schillerscher Freiheitsantithetik deutlich machen. – Es ist hier nicht der Ort, um von der dramaturgischen Einrichtung meiner Inszenierung im einzelnen zu handeln. Doch sei dazu noch ein abschließendes Wort gesagt.

Meine Kritiker haben mir häufig vorgeworfen, ich überhäufe die Bühne mit Technik. Zwar sprachen sie mir meist eine gewisse »Genialität« in der Verwendung technischer Mittel zu, wie sie ja überhaupt mit der Klassifizierung »genial« in Deutschland nicht gerade sparsam sind, aber trotzdem warnten sie mich immer: das Wort nicht zu vergessen. – Wenn ein Stück gute und sprechbare Worte enthielt, habe ich mich immer bemüht, diese so klar und eindringlich wie möglich zu gestalten. Doch gibt es nicht viele solcher Stücke – Schillers *Räuber* gehören meines Erachtens dazu. Ich wollte die Monologe betonen, mein technischer Einfall des »Lichtrostes«, auf welchem der Schauspieler steht, ist kein bloßer Effekt, sondern eine dramaturgische Notwendigkeit. Dies ist ein Unterschied, den man stets bedenken sollte, wenn man über Theater schreibt, denn der Regisseur sollte sich bei der Verwendung technischer Effekte diesen Unterschied auch klarmachen. Durch die Verwendung des »Lichtrostes« wurde der Monolog in sich stärker herausgestellt, ohne daß dabei die Zusammenhänge zum Handlungsablauf verlorengingen.

In Mannheim galt es, ein neues Theater und eine neue Bühne auszuprobieren und einzuweihen. Es wäre falsch, wollte ich behaupten, daß in dem von Professor Weber geplanten Mannheimer Einraum-Theater – (eben dem »Kleinen Haus«) – irgend etwas »neu« oder »experimentell« wäre. Leider kann ich das nicht mehr sagen, weil für mich die Arenabühne seit 30 Jahren nicht mehr »neu« ist. Wohl aber ist dies immer noch der Fall bei meinen Kritikern, die sich diesmal in einem Maße widersprechen, daß sie Sinn und kritischen Wert ihrer Kritik nahezu selbst gegenseitig aufheben. Für sie ist das Problem eben neu, eben experimentell, ungeklärt, unerprobt und unerfahren. Sie erhoben die sagenhaftesten Einsprüche gegen die »Arenabühne«, die in diesem Falle gar keine echte »Arenabühne« war, soweit es jedenfalls das Mittelstück der Bühne betraf.

Neu war für mich nicht die Tatsache, in einer Arenabühne inszenieren zu müssen oder Lichtroste zu benutzen, um die Bühne auch von unten zu beleuchten, sondern neu war der Raum selbst, seine Größe, seine glatte weiße Decke, seine Wände aus perforiertem Ziegelstein und herabfallenden Betonetagen, die aber weder Treppen noch Logen sind. Neu war die Breite der Bühne, die, da sie kein Proszenium besaß, bis oben zu den Wänden links und rechts zurückgenommen werden mußte.

Neu war für mich, wie bei jedem neuen Theater, die Akustik. Die Akustik aber veränderte sich fast täglich bei den Proben. Zu Beginn der Proben hatte der Raum noch nicht einmal einen Parkettfußboden, und fast bis zum Ende der Proben war noch keine Bestuhlung vorhanden. Was dieses Moment in akustischer Hinsicht bedeutet, weiß jeder Theatermann, der sehr oft über die Veränderung der Akustik im leeren Zuschauerraum bei der Generalprobe und bei besetztem in der Premiere erstaunt ist.

So erschien das »Kleine Haus« zunächst als eine Bahnhofshalle, in der sich die menschliche Stimme und Bewegung verlieren würde. Das Positive war, daß von Anfang an die Konstruktion der Schloßtreppe, die des Waldes und der Lichtrost vorhanden waren. Während der Proben wurden infolgedessen nicht nur die Inszenierung von Szene zu Szene und Schauspieler zu Schauspieler aufgebaut, sondern ebenso noch die fehlenden Elemente des Zuschauerraumes und des technischen Bühnenapparates. So schrillten Telefone, wurde Licht ausprobiert, gehämmert und elektrisch gebohrt. Als ich während einer Probe die Leute bat, mit dem Anmachen der Stühle zu warten, bis die Probe beendet wäre, antwortete man mir: dann werden Sie keine Zuschauer haben, die auf Stühlen sitzen können. Ich antwortete, so aber werden wir Stühle und Zuschauer haben, aber kein Stück, welches wir ihnen zeigen können. Im Endeffekt arbeiteten wir beide weiter, so daß wirklich am 13. 1. die Stühle vorhanden waren und auch das Stück gegeben werden konnte.

Mit scheint, daß es unnütz ist, über den Sinn und Wert der Arenabühne zu streiten. Sie hat sich durchgesetzt, auch wenn es viele Kritiker einfach nicht wahrhaben wollen. Niemand will die Guckkastenbühne total vernichten, viele Stücke der Weltliteratur der letzten 200 Jahre würden uns verlorengehen. Aber in einer Zeit, wo die simultane Orientierung des Menschen durch die Medien des Funks und Fernsehens zur Binsenweisheit von Oberprimanern geworden ist, kann auch das Theater nicht auf der Stufe der perfektionierten Illusionsbühne stehenbleiben. Außerdem kann das der Film viel besser.

Mir scheint das Problem der Theaterbauten viel mehr im Akustischen zu liegen. Viele kennen die intime Akustik des kleinen Hauses in Stuttgart, mehr sicher noch die ausgezeichnete Akustik des Deutschen Theaters in Berlin mit seinen Balkonen, Stuck und Plüsch. Es scheint den modernen Architekten und Ingenieuren schwerzufallen, eine ähnliche Akustik in ihren modernen Betonbauten mit glatten Wänden und Decken zu erzielen. Nicht von der Raum-, Arena- oder Illusionsbühne her, sondern von der Akustik her sollte ein Theater gebaut werden. Hierin ist Mannheim zwar weiter gekommen als das Münchner Residenztheater, aber im »Kleinen Haus« zeigten sich seine akustischen Schwächen besonders beim Spiel inmitten der Zuschauer.

Wenn ich sagte, daß es mir müßig scheint, über den Sinn und Wert der Arena- oder Raumbühne zu streiten, so meine ich damit, daß es uns heute möglich sein muß, eine Bühne und ein Theater so zu konstruieren, daß es buchstäblich im Handumdrehen von einem Einraumtheater in ein Illusionstheater verwandelt werden kann. Das verlangt eine vollendete Bühnentechnik, die schon in der architektonischen Konstruktion der Bühne vorhanden sein muß. Gropius und ich versuchten diese Synthese bereits 1927 mit dem Totaltheater. Dieses Projekt fand verblüffend viele Nachahmer, die oft bis ins Detail hinein unsere damaligen Erfahrungen benutzten, ohne freilich die Urheber zu nennen. Selbstverständlich sind all diese Dinge eine Kostenfrage und stehen hier im einzelnen außer Diskussion.

Professor Weber machte mit seinem »Kleinen Haus« in Mannheim einen großen Schritt in die Zukunft und zum Experiment. Doch sosehr dieser Schritt zu begrüßen ist, so wenig verleugnet das neue »Kleine Haus« die Tatsache, daß das Experiment noch nicht vollendet ist. Abgesehen von den akustischen Mängeln fehlt der Bühne ein Schnürboden, was sich bei der Verwendung dieses Theaters als Illusionsbühne noch sehr hemmend auswirken kann. Mein berüchtigter Lichtrost wird auch so lange als Rost erscheinen, solange man nur mit 3 anstatt 30 Schweinwerfern unter der Bühne arbeiten muß und somit immer die negativen Erscheinungen der lichtsaugenden Wirkung der Decke in Kauf nehmen muß. Doch sind dies sekundäre – wenn auch nicht unwichtige – Erscheinungen dieses neuen Theaters, welches sich in seiner Verwendung als Arenabühne im großen und ganzen sehr bewährte.

Herr Dr. Schüler wollte von mir eine pietätvolle und werkgetreue Jubiläumsinszenierung! – Auch ohne diese Ermahnung hätte ich die *Räuber* 1957 nicht anders inszeniert, als ich sie in Mannheim inszeniert habe. Max Christian Feiler schrieb im *Münchner Merkur:* »Die größte Überraschung war die ›Räuber‹-Inszenierung Erwin Piscators... Ich möchte fast behaupten, daß ihn die ›Weihe der Stunde‹ und die ›Größe des historischen Augenblicks‹ über sich selbst hinausgetragen haben. ... Piscator gab eine völlig objektivierte, pietätvolle und nahezu werkgetreue Aufführung.« Was ich getan habe, war keine werkgetreue Aufführung in dem Sinne, daß ich nicht gestrichen hätte, was manche Kritiker unverständlicherweise glaubten monieren zu müssen. Ich habe tatsächlich ungefähr ein Drittel des Textes gestrichen. Meine Pietät gegenüber Schiller zielte dahin, den wirklichen Schiller der *Räuber* zu Worte kommen zu lassen, den Schiller, den der etwas philiströse Herr von Dalberg einst glaubte dämpfen zu müssen.

Mit der Arenabühne des neuen Mannheimer Theaters war mir die Möglichkeit gegeben worden, den wirklichen Schiller so werkgetreu zu spielen, wie es sich Schiller erträumt haben mag, als er die *Räuber* schrieb. Als Herr von Dalberg sie zur Aufführung herausbrachte, paßte er sie nicht nur dem Geist der Zeit, sondern auch den Notwendigkeiten der Illusionsbühne an. Schiller hat ein großes episches Gedicht geschrieben, welches vor Handlung strotzte, in dem aber die epischen Reflexionen die Handlung in einen größeren sozialen und ideellen Horizont bannten. Der für die Illusionsbühne von Dalberg bearbeitete Schiller, freilich mit dessen Einverständnis, wurde in seinen wirklichen revolutionären Dimensionen auf die private Sphäre abgedrängt. 1926 mag ich die radikalen individuellen Forderungen Schillers zugunsten eines kollektiven Handelns vernachlässigt haben, es ging damals auch um andere Dinge. 1957 habe ich versucht, sie in der Mitte des Zuschauerraums ins Scheinwerferlicht zu stellen, in der Hoffnung, sie in eine geistige Mitte unserer Zeit zu stellen, nach der wir alle suchen.

1957

Technik – eine künstlerische Notwendigkeit des modernen Theaters

Vortrag für die 32. Bühnentechnische Tagung am 28. Juli 1959 in Mannheim

Sehr verehrte Damen und Herren!

Die Einladung, gerade vor Ihnen über die Verwendung der Technik im Theater zu sprechen, habe ich als eine Ehre empfunden und mit Dank angenommen. Ich bedauere die Umstände, die es mir nicht erlauben, an Ihrer Tagung selbst teilzunehmen. Denn gern hätte ich gehört, was *Sie* zu dem Thema zu sagen haben, denn sicher gibt es da einiges zu lernen. Es reizte mich besonders der Gedanke, in aller Öffentlichkeit und gestützt auf Ihr bewährtes Forum, die künstlerische Notwendigkeit der Technik im Theater festzustellen, und zwar nicht nur der Technik, wie sie ist, sondern auch der Technik, wie sie sein könnte, ja sein müßte, und wie die Technik tatsächlich ein Bestandteil der Theaterkunst zu sein hat, wie sie es von jeher war.

Dieses offene Bekenntnis ist notwendig, weil von allen möglichen Seiten her, besonders aber von denen, die sich als Kunstpäpste aufzuspielen belieben, die Technik des Theaters in den Verruf gebracht wurde, sie sei ein notwendiges Übel und in der Theaterkunst eher hindernd als fördernd. Verstehen Sie mich recht: Natürlich gehen jeden Abend alle Vorhänge auf, sitzt der Beleuchter in der Beleuchterloge, beleuchtet aufs Stichwort, natürlich hat der technische Direktor die Grundrisse berechnet und die Dekorationen aufgebaut, leitet der Bühnenmeister den Umbau, und natürlich wird verlangt, daß alles wie am Schnürchen klappt. Und wenn es klappt, merkt man nichts von der Technik. So weit, so gut und auch richtig.

Wenn Sie mich nun eingeladen haben, so haben Sie das vermutlich aus dem Grunde getan, weil ich in vielen Jahren in meinem eigenen Theater sowohl als in vielen Inszenierungen im Inland und Ausland der Technik einen besonderen Platz eingeräumt habe. Einen Platz, der mir bei meinen speziellen Freunden, den Kritikern, das schwerverdiente und teuer (mit Pleiten) bezahlte Diplom eines »Theateringenieurs« eingebracht hat. So wie man von einer Schauspielerin auf die Frage »Wie war sie denn?« ausweichend antwortet: »Ah, sie sah sehr gut aus.« Auf dieses Vorurteil bin ich stolz, und das betone ich gerade hier in Ihrem Kreise. Aber den Harthörigen außerhalb Ihres sympathischen Kreises möchte ich sagen, daß bei mir, wie in der Lutherbibel, am Anfang das Wort steht – und auch am Ende, das heißt vor 35 Jahren ebenso wie heute.

Im Jahre 1923 war ich zusammen mit Hans J. Rehfisch Direktor des Zentraltheaters in der Alten Jakobstraße in Berlin. Dort hatte der Dr. Zickel Operetten mit Fußrampe und Soffittenbeleuchtung gespielt, so daß von eigentlicher Technik eines neuen Schauspieltheaters keine Rede sein konnte. Damals, in meinen Anfängen, schrieb eine Zeitung über meine Inszenierung von Romain Rollands »Die Zeit wird kommen«: »Mit wahrem Feuereifer dient jeder nicht etwa sich selbst, sondern einzig des *Dichters* Sache, und so kommt ein Eindruck zustande, der bei *bescheideneren Mitteln* ungleich gültigeren Anspruch darauf erheben darf, von echtem Kunstwert zu sein, als der vielfach erkünstelte, in gequältem, für den Zuschauer qualvollem Suchen auf ewig neue Überraschungseffekte ausgehende Stilhumbug, der für Berliner Einstudierungen nachgerade tonangebend geworden. Hier – das steht alles auf Ja und auf Nein.«

Die Technik rollt neue Inhalte auf

Diese Anspielung auf damals berühmte Sensationen des Theaters, wie die Inszenierungen Max Reinhardts, Leopold Jeßners, Karl Heinz Martins, zeigt deutlich, daß es auch vor mir schon Technik, große Technik im Theater gab. Ich erinnere daran, wie Reinhardt die Drehscheibe benutzte, wie ihm das große Schauspielhaus vorschwebte, wie er mit seinen Bühnenbildnern Strnad und Kurt Stern die Dekoration mitspielen ließ, wie er die Beleuchtung perfektionierte; wie Jeßner seine Treppen einführte; wie Gordon Craig in London seine überdimensionalen Dekorationen baute.

Schon aus Opposition würde mir an der Technik nicht viel gelegen haben (und ich war immer Opposition). Was mich an der Technik interessierte, war das Aufrollen neuer Inhalte, die Annäherung an die Wahrheit, wie Plato es genannt hat, war die *dramaturgische Funktion* der Technik. Sie war mir niemals auch nur eine Sekunde lang Selbstzweck. Als ich vor einem Jahr hier in Mannheim sagte, die Technik kümmere mich einen Dreck, ging ein ungläubiges Gemurmel durch den Saal. Aber es stimmte insofern, als ich sie niemals anwandte, um Sensationen zu erzielen, wie es meine verehrten Herren Kritiker heute immer noch glauben und glauben machen wollen.

Alles Neue, alles Ungewohnte stößt zunächst einmal auf Widerspruch. So akzeptierte man nach dem Impressionismus die blaue und die rosa Periode Picassos schneller als später seine symbolischen Abstraktionen. So lachte man die Dessauer Bauhaus-Leute aus, als sie mit Stahl und Glas die Plüschmöbel vertrieben, als an Stelle der Butzenscheiben und Gucklöcher breite Fenster entstanden; und so erlebte man auch ein Befremden des Publikums zum Beispiel über die *Biedermann*-Inszenierung in dieser Vollarena-Bühne, die Sie hier vor sich sehen. Es kam ein Mann herein, sah sich um und sagte in echt Mannheimisch: »Das ist ja kein Theater mehr!« und verließ nach der Aufführung das Theater unüberzeugt. Er war das nicht gewohnt.

Und man kann dies dem Publikum so wenig übelnehmen wie dem Schauspieler. Ein berühmter Schauspieler soll zu Herrn Dr. Schüler gesagt haben: »Publikum in meinem Rücken ist ausgeschlossen – da kann ich nicht spielen.« Also auch der Schauspieler ist nicht daran gewöhnt. Und doch spielten einst die griechischen Schauspieler zum Teil mit dem Rücken zum Publikum, und so spielen viele Schauspieler heute in den USA im sogenannten Theatre in the round. Dort haben Schauspieler, Publikum und auch Kritiker sich daran gewöhnt.

In Marburg spielte ich Lessings *Nathan der Weise* in der Mitte eines Saales mit einem Steg zur Bühne. Und bald erzählten mir die Schauspieler, daß sie sich in der Mitte wohler fühlten als auf der entfernteren Bühne – sie hatten sich daran gewöhnt. Und wie das Publikum sich allmählich an das moderne Wohnen gewöhnt, weil es zweckmäßiger ist, luftiger, staubfreier, ökonomischer und darum auch ästhetisch schöner, so wird es sich auch an ein modernes Theater gewöhnen, an eine neue Theaterarchitektur, einen neuen Theaterraum, eine neue Bühne, an die speziellen Mittel der Bühne: wie Drehscheibe, laufende Bänder, mechanische Treppen, motorisierte Brücken, den funktionellen Bühnenboden, die Beleuchtung von unten, an Film und Projektion, an die Aufhebung der Grenze zwischen Zuschauerraum und Bühnenraum. Wir selber müssen nur den Mut dazu haben!

Gern würde ich in meinen folgenden Ausführungen mich nicht nur auf meine eigenen Erfahrungen stützen, sondern auch auf die meiner Kollegen und vieler moderner Architekten, zumal ich ja in der Lage war, die entscheidenden Theaterbauten in Europa und vielen anderen Ländern zu sehen. Aber die eigenen Erfahrungen kennt man am besten, entschuldigen Sie also bitte, wenn ich mich im folgenden vorwiegend auf sie stütze.

Der Plan zum Totaltheater mit Gropius

Eines Tages im September 1926 nach der *Räuber*-Aufführung im Staatstheater Berlin wurde mir im Büro eines reichen Kunstliebhabers (Mäzen genannt, das gibt es heute nicht mehr) Geld für ein eigenes Theater angeboten. Das Angebot war sehr generös, und doch zauderte ich; mir waren die meisten Theater technisch zu rückständig. Darauf tröstete mich mein Mäzen, ich solle doch einfach anfangen, inzwischen würde man an die Vorarbeiten zu einem neuen Theatergebäude herangehen: Wen ich als Architekten vorzuschlagen hätte? Ich schlug den damaligen Direktor des Dessauer Bauhauses, Walter Gropius, vor und setzte mich sofort mit ihm zusammen. Auf Grund der Erfahrungen meiner Inszenierungen an der Volksbühne und am Staatstheater hatte ich bestimmte Vorstellungen über das Theater als eine Maschine, durchkonstruiert wie eine Schreibmaschine, die von Aischylos und Shakespeare bis zu Tschechow und Brecht oder den neuen Dokumentarstücken allen Ansprüchen gerecht werden könnte.

Aus diesen Vorstellungen entstand in langer Diskussion und Detailarbeit der Plan des sogenannten *Totaltheaters.* Gegen die damals immer noch herrschende Form des Hoftheaters, mit seiner Einteilung in Parkett, Ränge, Logen und Galerie, versuchte das Totaltheater eine neue soziale und architektonische Gliederung zu geben. Es versuchte, einerseits die Tradition zu erhalten, indem es die drei klassischen Bühnenformen der Guckkasten-, der Proszenium- und der Vollarena-Bühne beibehielt, und sie andererseits einzeln oder in Kombinationen für alle neuen Möglichkeiten und Bedürfnisse bereitzuhalten. Das Theater ließ sich total unter Film oder Projektion setzen; es ließ sich rings um den

Zuschauerraum spielen; das Parkett war auf einer Drehscheibe, die sich um 180 Grad drehen und so in eine Vollarenabühne verwandeln ließ.

Das 1927 von Gropius und mir ausgearbeitete Projekt des Totaltheaters ist noch heute eine Grundlage für viele Planungen, wie mir kürzlich der Präsident der Berliner Kunstakademie, Professor Scharoun, sagte (und ich glaube es auch). Zwar sind ähnliche Projekte sogar zum Patent angemeldet worden. Aber soviel ich weiß, ist noch keins dieser modernen Projekte verwirklicht worden, mit Ausnahme des Hauses, in dem Sie eben versammelt sind. Und doch, glaube ich, würden solche Bauten das Theater ebenso revolutionieren, wie die sich wandelnde geistige und soziale Struktur unserer Gesellschaft das tut.

Über diese Fragen sprach ich einmal in Göteborg vor Architekten und begann mit den Worten, ich sei hier am falschen Platz, denn eigentlich müßte ich nicht vor Architekten, sondern vor Ingenieuren sprechen. So bin ich denn heute am richtigen Platz.

Die Einwände gegen solche Neuerungen

Wir alle kennen die Einwände, die gegen solche Projekte erhoben werden, und wir müssen sie sehr ernsthaft untersuchen: Man sagt, der Apparat würde zu kompliziert, zu schwer, zu speziell und am Ende doch nicht brauchbar für die verschiedenen Inszenierungen; je einfacher ein Theater sei, um so mehr erlaube es der Phantasie freies Spiel, während die festlegende Technik die Phantasie hemme. Als Beispiel wird das Pariser Théâtre Pigalle genannt, das drei Drehscheiben übereinander hat, auf denen etwa 30 Dekorationen Platz finden. In der Tat wurde dieses Theater nie ausgenutzt, weil kein Regisseur etwas damit anfangen konnte. Es blieb eine bloße Transportmaschine. Auch ist man nicht sehr glücklich mit dem Großen Haus in Frankfurt, dem zur wirklichen Ausnutzung seiner großen Drehscheibe die Abstellräume fehlen. So gibt es noch viele Beispiele, wo die Technik zwar konzipiert, aber nicht mutig und vollkommen genug realisiert wurde.

Auf einen anderen Einwand macht Herr Professor Unruh mich aufmerksam: »Aus der Art Ihrer Inszenierungen ersehe ich«, so schreibt er, »daß Ihnen die Aktivierung des ganzen Theaterraumes, das heißt des Zuschauerraums plus Bühne am Herzen liegt. Den Möglichkeiten hierzu stehen aber beim Bau neuer Theater immer noch die baupolizeilichen Vorschriften entgegen, die auf dem Theaterwesen der sogenannten klassischen Bühne aufgebaut sind. Zwar ist die hier zur Zeit gültige Polizeiverordnung abgelaufen, aber sie gilt in Ermangelung einer neuen Theaterbauordnung praktisch noch immer und wird als Vorbild benutzt. Die alte Vorschrift diente im Prinzip auch als Vorbild für einen Entwurf einer neuen Verordnung, die demnächst herauskommen soll. Da sind zwar einige Einengungen (die Breite der Bühnenöffnung betreffend) etwas gemildert, aber grundsätzlich blieb alles beim alten Schema: Guckkasten und eiserner Vorhang.

Nach meiner Auffassung sind aber heute Bauweisen und sicherheitstechnische Einrichtungen in einem solchen Maße erfunden, daß man sich von den alten Vorstellungen über mögliche Theaterbrände und Panik frei machen kann, zumal ja auch die Art der Inszenierung und der dekorativen Gestaltung eine andere geworden ist.«

Diese Auffassung von Professor Unruh entspricht ganz der meinen. Wie ich schon bisher zu erläutern versuchte, und ich komme gleich darauf zurück, fordert die moderne Regie aus künstlerischen Gründen eine völlig freie Gestaltung des Gesamtraumes. In einer Rede vor skandinavischen Studenten im Mai 1939 hat Bertolt Brecht, der an allen meinen Versuchen teilnahm, diese Versuche einer Demokratisierung des Theaters in folgender Weise geschildert: »Für Piscator war das Theater ein Parlament, das Publikum eine gesetzgebende Körperschaft. Diesem Parlament wurden die großen, Entscheidung heischenden öffentlichen Angelegenheiten plastisch vorgeführt. An die Stelle der Rede eines Abgeordneten über gewisse unhaltbare soziale Zustände trat eine künstlerische Kopie dieser Zustände. Die Bühne hatte den Ehrgeiz, ihr Parlament, das Publikum, instand zu setzen, auf Grund ihrer Abbildungen, Statistiken, Parolen politische Entschlüsse zu fassen. Die Bühne Piscators verzichtete nicht auf Beifall, wünschte aber noch mehr eine Diskussion. Sie wollte ihrem Zuschauer nicht nur ein Erlebnis verschaffen, sondern ihm noch dazu einen praktischen Entschluß abringen, in das Leben tätig einzugreifen.«

Und ich möchte hier ergänzen, daß nach meiner Ansicht diese gemeinsame Tätigkeit, wenn wir uns erst einmal daran gewöhnt haben, allen am Theater Beteiligten ein größeres Erlebnis verschaffen wird als das altgewohnte, aber bisher isolierte bloß ästhetische Erlebnis. Ja, ich bin der Überzeugung, daß eine solche neue schöpferische Tätigkeit, die außer dem Autor und dem Darsteller auch den Zuschauer umschließt, der nachgerade zum *Zuspieler* wird, das Theater einmal ganz deutlich gegenüber Film, Radio und Fernsehen abgrenzen kann und es dann vielleicht in seiner eigenen Form unersetzlich machen wird.

Die Polizei – dein Freund und Helfer

Wir alle waren Zeugen großer Veränderungen – zu unseren Lebzeiten von Kaiser Wilhelm bis Lübke –, und wir haben mit weiteren großen Veränderungen zu rechnen. Alle stehen vor gleichen Problemen: auch die Polizei und die Feuerwehr. Will die Baupolizeibehörde es tatsächlich wagen, negative Vorsehung zu spielen, indem sie – heute, in der Zeit des Eisenbetons, der Dekorationen aus nicht brennbarem Material, des nicht brennbaren Films – von Verordnungen ausgeht, die früher einmal notwendig waren, als die Theater aus Holz und Plüsch errichtet wurden und die Bühnen mit Klamotten von unten bis oben angefüllt waren?

Wir haben heute die Möglichkeit, durch moderne Architektur eine Menge von Ausgängen und nach außen führenden Treppen zu schaffen, so daß der Zuschauerraum sich beinahe reihenweise entleeren läßt. Vor allem auch muß man bedenken, wie eine Vorschrift von heute sich in der Zukunft ausnehmen wird. Ich meine, es müssen auch die Baupolizisten und Feuerwehrleute sich von altgewohnten Vorstellungen befreien, ja, sie müssen unsere Mithelfer werden. Denn schließlich und endlich ist ja der Kulturanspruch eines Volkes nicht teilbar in künsterische und technische Interessen und in solche der Polizei und der Feuerwehr. Sondern in der Kunst sollten sich doch wohl die höchsten Geister des ganzen Volkes zusammenfinden. (Und ich darf das sagen als Schirmherr der Feuerwehr meines Geburtsortes Ulm, Kreis Wetzlar!)

Reizt unser Theater die Schriftsteller zur Arbeit?

Nun werden Sie mich fragen, wo bleibt in Ihren Ausführungen das Stück und der Autor? Leider ist in Deutschland ein Mangel an Bühnenautoren eingetreten. Die Talente wandern ab zu Film, Radio und Fernsehen und führen dafür ins Feld, daß sie dort mehr verdienen und in diesen Medien die moderne Welt leichter und besser ausdrücken können als im schwerfälligeren Theater. Es gehört nicht hierher, diese Gründe zu untersuchen. Aber zumindest ist es wohl erlaubt, die Frage aufzuwerfen, ob nicht unser Theater in seinen Mitteln so veraltet ist, daß es die Schriftsteller nicht zur schöpferischen Arbeit anreizt.

Sicher hat das Theater seine Experimentierfreudigkeit der zwanziger Jahre durch den Nationalsozialismus eingebüßt und sie auch in der Restaurationsepoche nach 1945 nicht wiedergefunden. Daß heute die Stücke von dekadenten, sogenannten Avantgardisten als kühne Experimente offeriert werden können, zeigt die ganze Passivität des gegenwärtigen Zustandes. Wie schwerfällig wir geistig geworden sind, sehen wir daran, daß man sich grundsätzlich gegen Experimente sträubt: Keine Experimente! Dies aber ist die wichtigste Aufgabe der Kunst überhaupt und des Theaters im besonderen: geistiges Vorfeld zu sein für jede Art von Entwicklung und auf allen Gebieten des Lebens Untersuchungen anzustellen, oder wie ich oft in meiner Dramatic Workshop in New York sagte: das Laboratorium für den neuen, den nächsten Menschen zu sein. Und nur von daher ist es zu verstehen, daß mir auch in früherer Zeit alle Mittel recht waren, um neue Wege zu zeigen und Analysen zu schaffen.

Ich habe stets behauptet, angewandte Technik sei Dramaturgie. Und hier kommen wir wieder zum Stück, zu dem neuen Stück unserer Epoche. Seine Dramaturgie hat seit den zwanziger Jahren bedeutende und erfolgreiche Beispiele aufzuweisen, es ist die Dramaturgie des sogenannten epischen Theaters, das von mir vorwiegend auf der Bühne und von Brecht im Drama gefunden wurde. Diese Dramaturgie bringt den Stoff nicht in den fixierten Formen des klassischen Dramas, sondern nach seinen Notwendigkeiten, ohne umständliche Exposition, schnell und von verschiedenen Seiten her dem Zuschauer vor Augen. Die Quellen für die neuen Formen liegen nicht einfach bei Film und Fernsehen, wie manche Leute behauptet haben, sondern mehr noch in der Verwandlung unserer Welt durch die Technik und damit im verwandelten Bewußtsein der Menschen. In seiner *Sozialgeschichte der Kunst und der Literatur* (München 1953) beschreibt Arnold Hauser den spezifisch modernen Zeitbegriff, dessen Grundzug die *Simultaneität* ist: »Alles Aktuelle, Zeitgenössische, im gegenwärtigen Moment miteinander Verbundene besitzt einen besonderen Sinn und Wert für den heutigen Menschen... Seine geistige Welt ist von einer Gegenwarts- und Gleichzeitigkeitsstimmung erfüllt, so wie die des Mittelalters von einer Jenseitsstimmung und die der Aufklärung von einer Zukunftsstimmung erfüllt ist. Er erlebt [seine Welt]... im Nebeneinander, in der Verbundenheit und Verschränktheit der Dinge und Vorgänge.«

Das bedeutet für uns, auf der Bühne die Gleichzeitigkeit verschiedener Vorgänge zu zeigen. Hauser geht zwar vom Film aus und schreibt vor allem diesem modernen Kunstmittel die Fähigkeit der Simultaneität zu. Ich glaube aber, daß die moderne Bühne diese Gleichzeitigkeit weit besser geben kann, da ihr neben der dreidimensionalen Menschendarstellung auch die zweidimensionale Filmdarstellung und viele andere Mittel zur Verfügung stehen. Es bedarf nur der Energie zur Anwendung dieser Mittel, und eine neue Welt würde in ihrer Totalität gegenwärtig sein.

Das neue Weltbild – die neuen Mittel

Wir haben philosophisch und naturwissenschaftlich einen neuen Begriff vom Raum und von der Zeit entwickelt, auch wenn das den meisten Menschen noch nicht ganz klar ist. Es bereitet sich eine Veränderung des Weltbildes vor, die uns weiterbringen wird als etwa die Zeitgenossen Giordano Brunos und Galileis, deren »gesunder Menschenverstand« stark erschüttert wurde. Wir »durchleuchten« die Vorgänge, wir wenden die Erkenntnis der Relativität auf die Kunst an: In der Malerei haben wir die gegenstandslose Kunst, in der Musik die Zwölftonmusik. Wie immer man zu diesen Kunstformen steht, wir haben im Theater kaum ähnliche Formen geschaffen; Formen, die, auch wenn sie auf die Dauer keinen Bestand hatten, doch zur Entwicklung und Anschauung der Elemente der Kunst einen wesentlichen Beitrag geliefert haben. Erst eine Diskussion über Formalismus zeigt uns, was Formalismus ist.

Oft habe ich mich gegen rückständige Kritiker gewehrt, die meine Arbeit mit dem Hinweis auf die angewandte Technik künstlerisch desavouieren wollten. Ihrem Kreis gegenüber und in diesem Zusammenhang möchte ich sagen, ich bin geradezu stolz darauf, durch die ausgiebige Anwendung der Technik neue Dimensionen auf der Bühne geschaffen zu haben. Mein Freund Brecht hat das in seiner angeführten Rede folgenderweise bestätigt: »Es stellte sich als notwendig heraus, die Bühne vollständig umzubauen. Es ist unmöglich, hier alle Erfindungen und Neuerungen zu nennen, die Piscator zusammen mit allen neueren technischen Errungenschaften benutzte, um die großen modernen Stoffe auf die Bühne zu bringen. Sie wissen wahrscheinlich von einigen, wie der Verwendung des Films, die aus dem starren Prospekt einen neuen Mitspieler, ähnlich dem griechischen Chor machte [im *Rasputin* verwandte ich 3 000 Meter Film. E. P.], und dem laufenden Band, das den Bühnenboden beweglich machte, so daß epische Vorgänge abrollen können wie der Marsch des braven Schwejk in den Krieg« (und man kann heute hinzufügen: wie der Marsch der Mutter Courage in den Krieg, in Ermangelung des laufenden Bandes auf der schwerer dahinrollenden Drehscheibe, und die Wanderung der Magd Grusche im *Kreidekreis* – Ausspruch Brechts: »Gern hätte ich ein laufendes Band in meinem Theater.«). »Diese Erfindungen«, sagte Brecht weiter, »sind vom internationalen Theater bisher nicht aufgenommen worden [die laufenden Bänder sah ich nur einmal in einem Musical in New York. E. P.], diese Elektrifizierung der Bühne ist heute beinahe vergessen, die ganz ingeniöse Maschinerie ist verrostet, und Gras wächst darüber.« Und Brecht erklärt auch, was daran schuld war: die heraufziehende politische Reaktion.

Es kam die Reaktion und damit die geistige Verarmung. Es folgte die Katastrophe und damit die materielle Verarmung wie nach 1918. Die Verarmung des Theaters in diesen ersten Nachkriegsjahren war ehrlich. Dann kam das Wirtschaftswunder, und sie wurde plötzlich zur Mode. Es verschwindet die »Dekoration« von der Bühne, man wird immer abstrakter, alogischer und symbolistischer. Unser heutiger Zustand ist konformistisch, und so ist der Zustand der Bühne das Ausweichen in den »Stil«. Und das gerade in einem Augenblick, wo der Zuschauer verwöhnt ist:

optisch durch den Film, akustisch durch das Radio und, beides vereinigend und an Intimität übertreffend, durch das Fernsehen (der Klassiker im Zimmer). Ich möchte nicht ohne weiteres dem Mann aus Königsberg recht geben, der, unzufrieden mit meinen schwarzen Vorhängen, 1919 an mich schrieb: »Wenn ick ins Theater jehe, denn will ick Felsen sehen und meine Frau Toiletten.« Aber die Sehnsucht des Zuschauers nach der optischen Veränderung und Verwandlung ist berechtigt. Wir können heute kein Auto auf die Bühne bringen, während früher Pferde und Wagen darauf erschienen, wir können überhaupt keine Schnelligkeit zeigen und brauchen dafür befremdende pantomimische Abstraktionen.

Was es schon gab, und was uns fehlt

Tatsächlich, das sahen wir am Ausbleiben der Autoren, fordern die neuen Stücke neue technische Mittel, und umgekehrt werden die neuen Mittel neue Stücke herausfordern. Was mir vorschwebt, ist eine allgemeine Befreiung aller Theaterkünste. Das Theater muß aus dem Guckkasten mit seinem ewig gleichen Rahmen herausgeholt werden, damit die Welt wieder ins Theater hineinpaßt.

Und so möchte ich nun, ohne Anspruch auf Vollständigkeit, versuchen, in einem kurzen Rückblick zu zeigen, was es schon gegeben hat, und möchte weiterhin zeigen, was nach meiner Ansicht in unserem technischen Apparat fehlt.

Die Simultanbühne von *Hoppla, wir leben!* und *Rasputin* im Jahre 1927 hatte ihren Vorläufer in den offenen Spielgerüsten der Revue *Trotz alledem* und des Stückes von Leonhard *Segel am Horizont*. Sie hoben den Guckkasten auf, sie hätten auch im freien Raum stehen können.

Zu den Schauspieler-Szenen traten schon früh die Montagen, z. B. 1924 in *Fahnen* von Paquet, die Projektionen von Fotografien und kommentierenden Texten auf seitlichen Tafeln. Die einen führten zum Film, die anderen zu den späteren Kalendern und Kommentaren, zu satirischen oder dokumentarischen Anmerkungen.

Der Film wurde endgültig differenziert in der Spielzeit 1927/28 der Piscatorbühne am Nollendorfplatz. Es gab erstens den

Spielfilm, der dramaturgisch eingegliedert war und, wie der Kritiker Diebold schrieb, nach der Art eines griechischen Chors die Handlung begleitete. So ließ in Tolstois »Rasputin« die Zarin sich in Zarskoje Selo von Rasputin ihre glückliche Zukunft voraussagen, während über ihr zu gleicher Zeit ein Film die spätere Erschießung der Zarenfamilie zeigte.

Es gab zweitens den Dokumentarfilm, der binnen sieben Minuten die acht unendlichen Jahre abrollen ließ, in denen der Held von Tollers *Hoppla, wir leben!* im Irrenhaus von der Umwelt abgeschnitten war. Das Manuskript hierzu enthielt gegen vierhundert Daten aus Politik, Wirtschaft, Kultur, Gesellschaft, Sport, Mode etc. Sie wurden z. T. neu aufgenommen, z. T. den Archiven der großen Filmgesellschaften, z. T. aus Dokumentarstreifen entnommen. An manchen Stellen wurden Lautsprechermeldung, Schauspielertext und Filmbild zusammengekoppelt. Auf eine radiotelegrafische Herzdiagnose von Bord eines Ozeandampfers ging der Röntgenfilm eines schlagenden Herzens zurück.

Drittens gab es den Zeichen- und Trickfilm, der von meinem Freund George Grosz für unsere Bühne geschaffen wurde. Schon im *Trunkenen Schiff* von Zech, 1925 in der Volksbühne, projizierten wir kommentierende Zeichnungen der Umwelt von Grosz auf drei Paravents, die die Bühne umgaben. Im *Schwejk* von 1928 wurde der Trickfilm vollendet eingesetzt. Wir hatten sowohl Zeichenfilm wie die Montage von Landschafts- und Stadtaufnahmen mit Zeichentrickfilm. Durch das laufende Band entstand auch die Notwendigkeit der beweglichen Dekoration.

Die »Biomechanik« eines Meyerhold wurde, soweit es sich um Bewegung handelte, auf einen Schauspieler angewandt, der sich auf festem Bühnenboden und starren Gerüsten bewegte. Ich setzte den Bühnenboden in Bewegung, nahm laufende Bänder im *Schwejk,* die auch das Requisit und die Dekoration bewegten, nahm im *Kaufmann von Berlin* Rolltreppen und freie, bewegliche Brücken.

Im *Räderwerk,* in *Krieg und Frieden* und im *Requiem für eine Nonne* habe ich die Vorgänge mit Hilfe von lichtdurchlässigen Gittern von unten »durchleuchtet«. Es war der Beginn einer neuen Dramaturgie durch das Licht, die mit der *Hoppla*-Bühne begann und über die noch zu sprechen sein wird. Weitere Beispiele werden sich im folgenden noch ergeben.

Wir kommen zu dem, was fehlt, was technisch gesehen auf dem Theater »die Forderung des Tages« wäre.

Das erste ist der Bühnenboden. Wir brauchen keinen. Er müßte funktionell werden. Bisher ist er immer gleich, statisch. Mich stört das. Er bleibt spannungslos, bleibt flach und schluckt die Figuren. Man sucht dem zu begegnen, indem man Schrägen baut. Es wird auf einen hölzernen Boden noch mehr Holz gebracht, das quietscht und knarrt: man nennt es Praktikabel! Statt dessen müßte man technisch für jedes Stück den entsprechenden Boden haben, schwenkbar, versenkbar, drehbar, oder wie immer man es braucht. Womit die größte Einfachheit, ja, meinetwegen Askese, überhaupt erst erreicht wäre, aber ohne ins Dekorative hinüberzuspielen, sondern als wirkliche Notwendigkeit für die Raumbehandlung und -belebung. Außerdem wäre hier die freie Lichtbehandlung von unten zu bedenken, auf die ich noch kommen werde.

Dann sollte man darüber nachdenken, was mit der Höhe und der Tiefe der Bühne anzufangen wäre. Wir bleiben immer schön brav auf dem Bühnenboden stehen, bewegen uns nach rechts und links, vorn und hinten – und oben bleibt ein leerer Raum, als wäre ein Bild nur im unteren Drittel bemalt. Selbst bei der Illusionsbühne ist dieser Teil nie richtig durchdacht und belebt worden. Auch die Technik wurde immer nur auf den starren Bühnenboden, niemals auf den ganzen Raum bezogen.

Einen Mangel, den wir heute sehr stark empfinden, sehe ich in der immer gleichbleibenden Entfernung zwischen Bühne und Zuschauer, sowohl optisch wie akustisch. Wie wäre der Schauspieler heranzubringen? Im Theater fehlt die Großaufnahme! Von der Totale bis zum brechenden Auge hat der Film alle Variationen des Optischen. Es wäre einmal zu bedenken, ob man durch Spiegelverfahren oder Brücken etwas daran ändern könnte. Und wozu gibt es das Fernsehauge? Man kann heute bereits Fernsehen auf Kinoleinwände projizieren. Warum es nicht für den gegenwärtigen Augenblick im Theater anwenden?

Solche Mittel darf man auch akustisch einsetzen, aber nur künstlerisch bewußt. Ich baute einmal einen Verstärker ein im *König Lear* bei dem großen Monolog »Sturm, Sturm«, damit dieser Monolog leise gesprochen und laut übertragen werden konnte. Der Monolog kam so mit erhaltener Sensivität, schattiert und moduliert im Ausdruck, trotzdem aber mit der Wucht des Ausbruchs.

Niemals aber sollte ein akustisch schlecht gebautes Theater nachträglich durch Hilfsapparaturen gerettet werden müssen. Man baut heute in Beton, das erschwert häufig die Akustik. Der Zuschauerraum sollte wie ein Geigenkörper klingen. Vielleicht muß man Holz und weiche Elemente befürworten. Auch das Mannheimer Theater ist trotz des perforierten Backsteins gefährlich. Im Gropius-Projekt haben wir die Ei-Form gewählt, so daß der Ton vor der Bühne nicht flattern konnte.

Um 1900 wurde der nasale Ton der neoklassischen Schauspieler entwickelt, um besonders große Theater zu füllen, wie z. B. das Königliche Hoftheater in München. Die Sprechstimme wurde zur Gesangsstimme umgebildet. Ja, wir finden noch heute im deutschen Theater viel nasales Sprechen, das im Grunde die Differenzierung erschwert. In großen Häusern spielt man auch heute, wie etwa Frankfurt, aber mit der gewöhnlichen Konversationsstimme, die nicht trägt in so großen Häusern. Die Akustik ist also ein Problem. Bei analytischer Sprachbehandlung und -gestaltung würde es vielleicht gehen, aber die gibt es kaum. Daher die fortgesetzten Klagen des Publikums.

Mehr Licht! Das Licht kommt heute meist von vorn, von den Balkonen und Decken oder den Seitenbühnen und stets von oben. Es bleibt stets die Augenhöhle, und es bleiben Lichtlöcher. Die Rampe, als die imaginäre vierte Wand, wurde von den modernen Regisseuren abgeschafft, und ich bin daran nicht ganz unschuldig. Aber wir haben keinen Ersatz geschaffen; uns fehlt das Licht von unten, das das Gesicht und die Gestalt klar herausarbeitet und auch dem Gegenstand neue Qualitäten gibt. Es wird sich eine neue Dramaturgie durch das Licht bilden. Ich versuchte die Lichtbühne bereits in Vorformen, z. B. in der lichtdurchlässigen Bühne von »Hoppla, wir leben!«. Aber es blieb der harte hölzerne Bühnenboden. Daher meine heutige Forderung, den Bühnenboden wegzulassen und unten Lichtanlagen korrespondierend zu oben einzurichten. Ebenso fehlt uns das Licht von hinten. Wir sehen, wie im Film das Licht über die Schulter fließt und die Figuren plastisch macht, ihnen gewisse Dimensionen gibt.

Trotz sehr fortschrittlicher Lichtbedienungsapparate, die dem

Beleuchtungsmeister das Einstellen über viele Szenen hin ersparen, sind wir immer noch ganz unvollkommen, ja, fast könnte man sagen, unvollkommener als früher. Früher konnte man durch die Rampe und die Soffitten eine dunkelblaue »Nacht« machen. Wir tun so, in einer falschen Askese, als brauchten wir das gar nicht. Aber warum soll Nacht nicht »Nacht« sein auf der Bühne? Man gebraucht das nicht immer unbedingt, aber man kann in die Lage kommen, es anwenden zu müssen. Und Dunkelheit braucht bekanntlich doppelt viel Licht. Wohlgemerkt, ich spreche nicht für die Wiedereinführung der altmodischen Instrumente, sondern für die zu erfindenden neuen.

Es war schon die Rede von dem Recht des Zuschauers auf Veränderung und Verwandlung; und ich möchte hier hinzufügen, er hat das Recht auf schnelle Verwandlung. Denn das Zeittempo hat sich gewandelt, und außerdem sind wir durch den schnellen Wechsel im Film verwöhnt. Wir spielen *zwar* längst nicht mehr in den massiven Volldekorationen. Aber immer noch gibt es zuviel Widerstand. Wenn man heute bei Shakespeare, wie es mir neulich mit »Romeo und Julia« ging, zwischen jeder kleinen Szene einen Umbau von drei Minuten sieht, dann tötet das für unser heutiges Publikum tatsächlich langsam die Aufmerksamkeit und das Stück. Es wird zuviel unterbrochen, und die Aufführung wird – trotz ihrer Qualität – langweilig. Man spielte einst vier bis fünf Stunden, aber nicht, um das Stück zu bewältigen, sondern um die Umbauten zu bewältigen. Daher z. B. die Verwendung der Drehscheibe, die aber heute vielfach wieder weggelassen wird.

Meine »Maschinenbühnen« der zwanziger Jahre mit ihren Vielzweckgerüsten und Projektionsflächen haben schon eine ganze Menge hergegeben. Lassen wir uns Neues einfallen! In Stücken, wo der Film benutzt wurde, war er auch gut für Verwandlungen. Einer unserer Versuche war dieser: Eine Leinwand wurde mit Film bespielt, dann gingen zwei Schleier herunter, die Leinwand ging hoch, der Film übertrug sich auf die Schleier und fiel durch auf die Bühne. Auch die Schleier gingen hoch, und das Ganze ging über in eine Projektion. Dabei ging der Film über in die Bewegung des Schauspielers und der Vorgänge auf der Bühne.

Alle früheren Erfindungen wie Drehbühne, Wagen etc. wurden ohne Zusammenhang eingesetzt, sie dienten nur dem einen Problem des Umbaus – nicht der Dramaturgie. Obwohl auch Reinhardt schon (z. B. im »Rosenkavalier«) Leute auf der sich drehenden Scheibe gehen ließ, sie also als Spielmedium benutzte. Sobald aber der Vorhang fällt, ist eine Unterbrechung da. Der Vorhang, das wissen wir, ist eine wichtige Sache, hinter ihm bereitet sich das Geheimnis vor. Der Vorhang ist immer schön. Aber er ist nicht mehr schön, wenn er zu häufig fällt. Man versuchte dem zu entkommen durch den *offenen Umbau.* Ich versuchte es als einer der ersten, worauf Kerr, ich glaube zum *Trunkenen Schiff* von Zech, etwa schrieb: Was will er eigentlich, der Piscator, es ist ja gut, ist ja gut; aber wozu dieser Unsinn, mit anzusehen, wie ein Schauspieler auftritt, sich an einen Tisch setzt – und plötzlich spielt er Theater! Er war heftig dagegen. Ihm war eben Theater noch sehr stark naturalistische »Illusion«, während wir darangingen, den Illusionszauber abzubauen.

Heute wird jedoch zuviel offen umgebaut. Nur wenn man den offenen Umbau dramaturgisch notwendig macht, darf man sich seiner bedienen, wie wir es in »Krieg und Frieden« taten, wo er zum Erklären gebraucht wird. Und doch ist jeder Stuhl, der hereingetragen wird, ein Problem. Es kommt ein fremder Mann, als Arbeiter, oder er ist wie ein Schauspieler angezogen, stellt einen Stuhl herein, geht wieder ab. Was bedeutet das? wird der Zuschauer fragen. Gehört das zur Handlung? Was im chinesischen Theater, wo der Bühnenmeister dem Schauspieler ein Stück Kreide, eine Tasse, ein Tuch hereinbringt, zur akzeptierten Form geworden ist, das bleibt bei uns für viele Leute unfertiges Theater. Obwohl viel gebraucht, ist das in Deutschland und Europa nicht zum Stil geworden und wird es wohl auch nicht werden. Die europäische Entwicklung, wie man am Film usw. sieht, geht andere Wege. Wenn wir den Umbau also nicht dramaturgisch einarbeiten, wird das Theater sich nur weiter isolieren.

Offener Umbau sollte nur mit einer technischen Maschinerie stattfinden. Sehr schön war es z. B. im *Schwejk:* Es fuhr ein Tisch herein mit zwei Stühlen, und die Schauspieler sitzen schon da und spielen Karten. Und dann fahren sie plötzlich wieder auseinander. Das gehört zum Spiel, ja, es war ein Ulk, aber es war auch ein Dekorationswechsel. So reibungslos und selbstverständlich sollten von rechts und links, oben und unten und hinten Tische, Stühle und Gegenstände heranfahren.

Aber die meisten Probleme sind leider ungelöst, und wir müssen alles daransetzen, die Handlung in Fluß zu bringen. Wenn einmal die Technik vollkommen sein wird, und wenn einmal den Schriftstellern bekannt sein wird, was das Theater der Phantasie an Möglichkeiten bietet, dann werden sie neue Stücke schreiben, und wir werden dafür sorgen, daß sie gespielt werden können.

Die Technik ist eine große Lust

Und ich kann Ihnen sagen, die Technik ist eine große Lust, wenn sie gelingt. Technik empfindet man ja nur als Technik, wenn sie auffällt. Und sie fällt vor allem auf, wenn sie nicht funktioniert. Sie muß also im Dienst an den eigentlichen künstlerischen Aufgaben, als ein Teil des künstlerischen Ausdrucks unbemerkt die Erfüllung bringen. Es gibt ein dummes Geschwätz gegen die Technik: »Alles nicht nötig!«, dem wir die Einsicht in ihre Notwendigkeit entgegensetzen müssen. So schrieb mir einer unserer bekannten großen Intendanten im Jahre 1956: er habe »Mißtrauen gegen meine technischen Firlefanzereien«. Ich schrieb ihm damals: »Wenn ich alles weggelassen hätte, was mir andere rieten – nicht eine meiner Inszenierungen wäre zustande gekommen.« Niemals verwandte ich ein technisches Mittel ohne dramaturgische Notwendigkeit.

Häufig verachtet der Künstler den Techniker. Wir wissen ja: Immer ist die Probenzeit zu kurz, aber die für die Technik ist am allerkürzesten. Was der Schauspieler in wochenlanger Arbeit erlernt, das soll der Beleuchter sich in drei Proben aneignen, oder vielleicht nur in einer, wie ich es auch schon erlebt habe. Und doch ist technische Gestaltung, heute mehr noch als früher, auch Kunstgestaltung. So wichtig beinahe wie das Wort ist die richtige Führung der Dekoration und des Requisits, die rhythmisch richtige Bewegung der Drehscheibe.

In der Dramatic Workshop waren einmal drei Schriftsteller eingeteilt, die Drehscheibe zu drehen. Als der Punkt kam, drehte sie sich nicht. Ich hörte statt dessen ein dumpfes dreifaches Schnarchen. Ich stürzte auf die Bühne und finde meine drei Drehscheiben-Schriftsteller-Bühnenarbeiter schlafend wie die Jünger am Ölberg. Darauf versammelte ich die Schauspieler um sie und erklärte den Aufgeweckten, was eine Pause bedeutet. Ich lasse die Stichworte sagen und zähle rhythmisch bis zwölf. Stichwort, Drehen, Zählen, wieder Stichwort. Hand anlegen an die Drehscheibe ist Handlung, und das Begreifen einer rhythmischen Pause in einem dramatischen Aufbau ist Theaterschriftstellerei. Von da an dreht sich die Scheibe so großartig, daß ich begann, auch die Bühnenarbeiter rhythmisch zu erziehen. Hier wird der Bühnenarbeiter zum Schauspieler und manchmal natürlicher und besser.

Und ich möchte an dieser Stelle allen guten Technikern, mit denen ich jemals arbeitete, diesen unbekannten Helden des Theaters, meinen tiefsten Dank abstatten. Was sie unter den gegebenen Bedingungen heute leisten, grenzt manchmal an Wunder.

Wir müssen einen scharfen Akzent setzen gegen die Verblödung, alles mit dem Namen Technik zu erledigen. Technik war schon in den zwanziger Jahren der Sack, auf den man schlug. Und der Esel, den man meinte, war in diesem Fall der Fortschritt. Hinter diesem Widerstand gegen die Technik verbirgt sich auch heute die wiederaufgenommene oder leichtfertig fortgesetzte Reaktion. Davor muß man warnen.

Ich habe nun noch ein Wort über das Mannheimer Kleine Haus zu sagen, das als wichtiger Versuch zu betrachten ist, einiges von den modernen Forderungen zu verwirklichen. Und zum Schluß lege ich Ihnen ein neues Projekt vor.

Das Kleine Haus in Mannheim

Es steht mir natürlich nicht zu, über Vor- und Nachteile dieses Theaters hier viele Worte zu machen, denn es gibt Berufenere unter Ihnen, wie Herrn Direktor Birr und Paul Walter, die durch ihre tägliche Arbeit in vielen Inszenierungen Stärken und Schwächen kennengelernt haben. Dieser Raum ist eine Fundgrube für die Verwirklichung fast aller Ideen, von denen ich gesprochen habe.

Lassen Sie mich über die Nachteile zuerst sprechen. Sie liegen darin, daß die Technik, wie schon einmal gesagt, nicht voll angewandt wurde. Daran waren vor allen Dingen die begrenzten Mittel schuld, aber vielleicht doch zuletzt die nicht ganz konsequente Grundkonzeption des Architekten. Das sogenannte Kleine Haus soll das eigentliche Schauspielhaus Mannheims sein und kein Anhängsel vom Großen Haus. Da hier also nicht nur experimentelle Stücke gegeben werden, sondern vor allem ein regelrechter Stadttheaterspielplan, so brauchte es die Technik für die schnelle Verwandlung zu allen Arten von Stücken, d. h. die Verwandlung von der Guckkastenbühne zum Einraumtheater ohne Aufwand.

Dazu gehörten ein Schnürboden und Seitenbühnen, auch natürlich ein technisch verschiebbarer Rahmen, der, architektonisch dem Raum angepaßt, nicht breiter als die normale Bühnenbreite von 10 bis 12 m sein sollte. Wie sie jetzt ist, bleibt die Bühne immer etwa 30 m breit, so daß man für ein reguläres Stück keinen Fokus bekommt. Der Umbau wie die Einrichtung bei den *Räubern* und bei *Biedermann* z. B. nimmt so viel Zeit in Anspruch, daß am nächsten Tag keine Proben auf der Bühne stattfinden können. Dazu hat man fehlkalkuliert, indem eigentlich bei diesen schweren Umbauten mehr Bühnenarbeiter notwendig wären, als im Etat bewilligt werden. Man glaubte, daß durch die Mechanik Arbeitskräfte gespart würden. Auch dieser Versuch aber spricht nicht gegen die Technik; die Mittel reichten eben nur nicht aus, die Technik zu vollenden.

Zu den unbezweifelbaren Vorteilen gehört die freie Raumgestaltung, die Verbindung der Bühne mit dem Publikum von allen Seiten. Die »Räuber« z. B. gelangten hier zu einer idealen Analyse, so als sei diese Bühne für Schillers *Räuber* gemacht. Auch im *Biedermann* war die Raumlösung großartig, leider fast zu groß für das Stück, dessen Grundidee wohl einen solchen Rahmen erlaubte, dessen kabarettistische Natur hier aber zur Schwäche wurde, was im normalen Theater nicht der Fall ist. Dieses Theater verdiente, daß man weit ausführlicher darüber spräche, hier ist leider nicht die Zeit dazu. Jedenfalls muß man die Initiatoren zu diesem Bau beglückwünschen, daß sie den Mut hatten, so unkonventionell zu bauen.

Es folgt mein Projekt:

Das theatertechnische Laboratorium

Sie werden vielleicht wissen, daß ich 14 Jahre lang in New York eine Theaterakademie geleitet habe, den Dramatic Workshop, ein Institut, das einer Universität angeschlossen war. Diesen Akademiegedanken habe ich versucht auch nach Deutschland zu bringen, um die drüben gemachten Erfahrungen hier anzuwenden. Mehr als in Amerika, wo die Theater keine Millionensubventionen erhalten, sondern Geschäftstheater sind, deren Existenz allein vom Erfolg eines einzelnen Stückes abhängt, haben wir in Deutschland das sagenhafte Paradies der von Ländern und Städten subventionierten Theater. Millionen Steuergelder werden dafür ausgegeben, und doch fehlen gerade die Institute, die eine methodische Arbeit an diesen Landes- und Stadttheatern vorbereiten sollten.

In meiner Akademie in New York studierten sowohl Autoren und Schauspieler wie auch Bühnenbildner und Techniker. Aber nicht nur die Bühnenbildner und Techniker studierten die Technik, sondern (wie die Geschichte mit der Drehscheibe zeigte) auch die Autoren und Schauspieler hatten Klassen in Technik, Dekoration und Kostüm. Sie wurden mit zur Herstellung herangezogen und waren bei den Aufführungen, die in zwei Theatern regelmäßig vor einem abonnierten Publikum von etwa 30000 Abonnenten stattfanden, als Beleuchter, Bühnenarbeiter, technische Direktoren, Inspizienten etc. tätig. Learning by doing war das Motto; sie sollten ihr Handwerk von der Pike auf lernen.

Aber mehr als das ist es von *Ihrem* Standort aus notwendig, daß in einer solchen Akademie ein wissenschaftliches Laboratorium für die Entwicklung der Theatertechnik besteht. So wie in einer Universität die Professoren in ihren Seminaren physikalische und chemische Entdeckungen machen, müßte man z. B. ein solches neues Theater wie dieses hier oder die in Köln, Kassel usw. vorher in allen technischen Möglichkeiten untersuchen und ausprobieren. Es gibt ja Ansätze dazu an unseren technischen Hochschulen. Aber sie sind isoliert wiederum von der übrigen Praxis des Theaters und stellen keineswegs einen methodisch vorbereitenden Schulbetrieb für das Theater dar.

Wir kommen zum Schluß. Ich frage: Warum soll in der Weiterführung der Bühnentechnik nicht derselbe Mut und Elan aufgebracht werden, wie er notwendig war zur technischen Erneuerung des Films, beim Sprung vom Stummfilm zum Tonfilm, beim Wunder des Fernhörens und -sehens, das in den Dienst der Kunst gestellt wurde; oder dazu, eine bemannte Rakete in den Weltraum zu schießen. Mut ist auch nötig, um das Theater wieder zu beherrschen. Warum gerade hier die pedantische Angst vor Neuerungen?

Die friedliche Technik im Theater bedroht nicht die Kunst, so wenig, wie das zur Heilung der Krebskrankheit angewandte Atom die Menschheit bedroht. Die Kunst wird bedroht vom Ungeist der falschen Abstraktion und vom trägen Herzen, das der Spießer der Erneuerung im ganzen entgegensetzt. Denn sie könnte ihn in Gefilde führen, wo der Fortschritt ihn fortreißt und seine rosarote Steppdecke mit dem gestickten Sprüchlein »Ruhe sanft« mit wegnimmt.

Das Geblödel vom heiligen Dichterwort, das nun gerade bei denen, die sich damit starkmachen, am wenigsten zu finden ist, muß abgebrochen werden. Schafft die Vorbedingungen, und das Wort kommt wieder! Es ist der Geist, der es schafft, und es ist der Geist, der die Technik »beseelt« und den auch Sie haben müssen, wenn Sie die Technik richtig anwenden wollen. Am Anfang war die Tat – oder am Anfang war das Wort: das sind immer noch zwei falsch aufgezäumte, fragwürdige Esel. Die Kunst ist wie die Technik im hohen und höchsten Sinne dienstbar dem Menschen, seinem Wollen, seinem Können, seiner Weiterentwicklung. Eins durch das andere, keins ohne das andere. Nur was diesem Ziel dient, gilt.

Auch die Bühnenmittel selbst stehen vor einer technischen Revolution. Wir müssen uns nicht nur von den Gesetzen der Gegenwart beherrschen lassen, sondern gerade die Kunst muß einen hoffnungsvollen Weg in die Zukunft bauen. Und dazu brauchen wir viel Licht. Nicht nur auf der Bühne, sondern auch in unseren Gehirnen und in unserem Leben.

Für Überzeugungen sterben?

In seinen *Aphorismen für Umstürzler* sagt Shaw: »Der vernünftige Mensch paßt sich der Welt an; der unvernünftige besteht auf dem Versuch, die Welt sich anzupassen. Deshalb hängt aller Fortschritt vom unvernünftigen Menschen ab.«

Welche Art »Unvernunft« ist es, die hier als Bedingung eines »Fortschrittes« genannt wird? Und redet der Rationalist Shaw etwa der Unvernunft – was immer er auch darunter versteht – das Wort? Oder haben wir es hier »nur« mit einem Aphorismus, mit einer überspitzten und nicht ganz ernst zu nehmenden Formulierung zu tun, wie sie sich im Werke Shaws haufenweise finden?

In dem eigenartigen Stück *Androklus und der Löwe,* eigenartig in seiner Mischung aus burlesker Verspieltheit und hochdramatischem Ernst – es wurde übrigens am 25. Februar 1913 in den Berliner Kammerspielen uraufgeführt, dabei verließ der Kronprinz aus Protest gegen die Darstellung des autokratischen Imperialismus den Saal; die erste englische Aufführung war am 1. September desselben Jahres in London –, in diesem Stück gibt es zwei Szenen, bei denen das ganze bewegte Spiel gewissermaßen den Atem anhält; aus figurenreichen Arrangements löst sich ohne besondere Zäsuren zweimal der verhaltene Dialog des römischen Hauptmanns mit der gefangenen Christin Lavinia. Und in diesen beiden Szenen bringt Shaw jene Kategorie des »Unvernünftigen« eigentlich recht klar zur Sprache.

Um es gleich zu sagen: der Hauptmann ist der »Vernünftige«. Ihm will es nicht in den Kopf, daß die schöne und kluge junge Frau eher bereit ist zu sterben, als eine Prise Weihrauch vor dem Standbild des Gottkaisers und Kaisergottes zu verbrennen. Das Weihrauchopfer, »eine einfache und bequeme Zeremonie«, sei nichts weiter als eine Formalität; niemand glaube an sie, weder er selbst noch der Kaiser, aber die Staatsräson schreibe sie nun einmal vor. In den Augen des Hauptmanns kann es nichts Unvernünftigeres geben, als durch die Verweigerung dieser Formalität ein Leben aufs Spiel zu setzen: »Ein Märtyrer, Lavinia, ist ein Narr. Dein Tod wird nichts beweisen.«

Der Hauptmann liebt Lavinia, und er darf berechtigt annehmen, daß auch er ihr nicht gleichgültig ist. Um so mehr muß ihm Lavinias Verhalten als Unvernunft, als »Unsinn«, als »Widersinn«, als »Irrsinn« erscheinen, da es eine Verwirklichung dieser Liebe unmöglich macht. Für den Hauptmann sind die Götter austauschbar, und eine religiöse Überzeugung kommt im Grunde auf die andere heraus. Wichtig ist nur noch das Verbrennen des Weihrauchopfers, gleichgültig, ob es Jupiter oder Zeus oder dem Kaiser oder sonst wem dargebracht wird.

Nun ist es auch Lavinia nicht um Götternamen zu tun. Sie, die Christin, denkt in all diesen Dingen ganz und gar nicht christlich (worauf es Shaw ja auch nicht ankam). Aber sie verlangt von jedem Opfer, welchem Gott auch immer es dargebracht wird, die gleiche Intensität, die sie Christus entgegenbringt: »Wenn Ihnen Diana dasselbe bedeutet, was mir Christus bedeutet – wir würden Seite an Seite vor ihrem Altar niederknien, wie zwei Kinder.« Die »Unvernunft« Lavinias besteht also darin, die Ableistung einer zur sinn- und bedeutungslosen Formalität gewordenen religiösen Handlung zu verweigern, um ihr somit den Rang einer Realität zurückzugeben. Was real, was wirklich ist, wird sich in der Stunde des Todes erweisen. Von diesem Gedanken ist Lavinia ganz durchdrungen. Sie weiß, daß der Tod der letzte Prüfstein ist für das Maß an Wirklichkeit, das ihrer Überzeugung, ihrem Glauben innewohnt. »Märchen und Träume« werden diesem Prüfstein nicht standhalten. In diesem Sinne war auch für das frühe Christentum der so oft vollzogene Märtyrertod ein weithin leuchtender Beweis für die Wirklichkeit der christlichen Überzeugung. Und diese immer wieder bestätigte Gewißheit, auf der Seite des Wirklichen zu sein, das heißt: vorm Angesichte Gottes, gab der Urkirche jene unwiderstehliche Kraft, die ihr in einem Zeitalter der Glaubens-Inflation – denn nichts anderes war die römische Kaiserzeit – zum letztlichen Sieg verholfen hat.

Shaw ist davon überzeugt, daß die Welt, hätten die Menschen sich ihr ausnahmslos und zu allen Zeiten angepaßt, längst nicht mehr lebenswert wäre. Sie bedarf von Zeit zu Zeit der Veränderung, der Veränderung zum Besseren, zum Vollkommeneren hin; und es sind die Überzeugungen, die inneren Entwürfe von einem menschenwürdigen Zustand der Welt, die diese Veränderung auslösen. Fortschritt heißt dabei für Shaw, »an der Erhaltung und Entwicklung unserer Gattung arbeiten, als ob wir das letzte Wort der Schöpfung wären«, ein Bestreben, »dem zuliebe die Menschen ihr Leben als Forscher und Märtyrer aufs Spiel setzen und ihre persönliche Bequemlichkeit und Sicherheit, aller Klugheit, Wahrscheinlichkeit und Vernunft zum Trotz, zum Opfer bringen«.

Der Kaiser, wenngleich er von der Beschaffenheit jener Überzeugung, der er zum Schluß zum Siege verhilft, nicht die geringste Ahnung hat, spürt dennoch ganz richtig, daß selbst Gladiatoren besser kämpfen, wenn sie für etwas kämpfen. Er verordnet ihnen Christentum zur Hebung der Kampfmoral. Shaw zeigt hier, sei es auch in komischer Verzerrung, wie sehr die Welt der Welt-Anschauung, der Ideologie, der Überzeugung und des Glaubens bedarf, um sich weiterzubewegen. Anpassung ist Erstarrung. Indifferenz ist Versinken in Absurdität. Menschliches Dasein aber hat nur Zweck und Sinn, indem es überzeugtes Dasein ist, das heißt: mehr als nur In-der-Welt-Sein. Shaw hat dies gezeigt in der großen Kluft, die Lavinia von Spintho trennt. Vielleicht erliegt Spintho der größten Versuchung, die uns Sterblichen, die wir nicht sterben wollen, gestellt ist: lieber für nichts zu leben als für etwas zu sterben.

Für Überzeugungen sterben? Wenn es gilt, das Leben vor der völligen Verflachung und Sinnlosigkeit zu retten, scheint es mitunter keinen anderen Ausweg zu geben.

1964

Totaltheater und totales Theater

Nicht ohne eine gewisse Befangenheit wird man im Zeitalter des »totalen Krieges« dieses eigenartige, heute so bevorzugte Epitheton auch mit dem Theater in Verbindung bringen können, zumal – wie es scheint – die Übergänge von »total« zu »totalitär« ziemlich fließend sind. Als aber im Jahre 1927 der Begriff »Totaltheater« von Walter Gropius und mir geprägt wurde, da hatte das Wort »total« noch keineswegs den faschistischen Beigeschmack, der es nunmehr so fatal macht. Wann allerdings die Formulierung »totales Theater« auftauchte, wer sie zum ersten Mal in Umlauf setzte, weiß ich nicht. Es muß aber gleich zu Anfang betont werden, daß »Totaltheater« und »totales Theater« nicht identisch sind. Gropius und ich meinten mit »Totaltheater« konkrete Theater-*Architektur,* während sich hinter der Bezeichnung »totales Theater« eine dramaturgisch-*ästhetische* Vorstellung, eine – wenn auch noch so unklare – *Idee* von der Entfesselung der gesamten darstellenden Künste verbirgt.

Unser Projekt des »Totaltheaters« war der erste umfassende Versuch, einer neuen Gesellschaft, die längst über Feudalismus und Bourgeoisie hinaus war, ein ihr gemäßes Theater zu geben. Nur wenige Architekten – wie van de Velde, Perret und Poelzig – hatten Anstrengungen unternommen, dem traditionellen, längst überholten System der Guckkastenbühne, deren soziologisches Fundament die Klassengesellschaft gewesen war, auszuweichen und neue Formen des Theaterbaus zu entwickeln. In der Praxis hatte vornehmlich Max Reinhardt, wenngleich er der letzte große Repräsentant des konservativen Theaters war, mit viel Phantasie, aber ohne Systematik, ohne grundlegende Konsequenz nach neuen Raumlösungen gesucht.

Die grundsätzliche Aufgabe, vor die wir uns gestellt sahen, lautete: Aufhebung der Distanz zwischen Bühne und Zuschauerraum zur Aktivierung des Publikums.

Schon seit Anfang der zwanziger Jahre, als ich mit dem »Proletarischen Theater« in den Wirtshaus-Sälen und Fabrikhallen der Berliner Arbeiterviertel spielte, hatte ich neuartige Formen der Darstellung entwickelt, die eine spontane Einbeziehung des Publikums in das Bühnengeschehen möglich machten. Nach und nach war auf Grund meiner Erfahrungen eine neue Dramaturgie entstanden: das *epische*, das *politische* Theater, das heißt: ein Theater der geradezu wissenschaftlichen Analyse, der kritischen Objektivität. Auf der Bühne wurden keine privaten Konflikte mehr durchlebt, keine Gefühle mehr zerlegt: hier wurden jetzt hart und rücksichtslos gesellschaftliche Prozesse vorgeführt; vom Publikum wurde nicht mehr Genußfähigkeit, sondern Stellungnahme verlangt. Das Theater begnügte sich nicht mehr, sich der Wirklichkeit in *Ausschnitten* zu bemächtigen, es wollte sie *total*. Um aber die *Totalität* der Welt auf die Bühne zu bringen, bedurfte es neuer Ausdrucksmittel. So nahm ich zum Beispiel als wichtigstes Mittel der Ausdrucks-Steigerung den *Film* ins Theater hinein. Darüber hinaus wurden neue technische Erfindungen (wie laufende Bänder, Hebe- und Versenkbühnen etc.) als Träger *dramaturgischer Funktionen* in einem Maße herangezogen, wie es seit dem Barock nicht mehr der Fall gewesen war. Doch wollte ich ja kein technisches Zaubertheater machen (wie mir vielfach vorgeworfen wurde), sondern mit der *totalen Technisierung* der Bühne suchte ich, so paradox es klingen mag, die Bühne zu *entmaterialisieren*, das heißt: sie zu einem flexiblen, schwerelosen Instrument des Geistes (und nicht der Sentimentalität) zu machen.

Das »Totaltheater« von Gropius und mir wurde also entworfen, um die durch Zeitverhältnisse, durch Konvention und Vorurteil, durch Denkfaulheit gezogenen Grenzen des Darstellbaren zu sprengen und zu erweitern.

Gropius selbst schrieb damals: »Das Ziel dieses Theaters besteht also nicht in der materiellen Anhäufung raffinierter technischer Einrichtungen und Tricks, sondern sie alle sind lediglich Mittel und Zweck, zu erreichen, daß der Zuschauer mitten in das szenische Geschehen hineingerissen wird, seinem Schauplatz räumlich zugehört und ihm nicht hinter den Vorhang entrinnen kann. Im übrigen hat der Architekt eines Theaters meines Erachtens die Aufgabe, das Bühneninstrument so unpersönlich, fügsam und variabel zu machen, daß es den jeweiligen Spielleiter nirgends festlegt und die verschiedenartigen künstlerischen Auffassungen sich entwickeln läßt. Es ist die große Raummaschine, mit der der Leiter des Spiels nach seiner schöpferischen Kraft sein persönliches Werk gestalten kann.«

Der bis ins Detail durchgeplante Entwurf des »Totaltheaters«

ist leider nie realisiert worden. Im entscheidenden Moment fehlte das Geld für dieses kostspielige Projekt. Bedauerlicherweise hat dieser revolutionäre Plan auch so gut wie gar nicht in die Praxis des Theaterbauens hineingewirkt: unsere neuen Theater-Gebäude sind zwar meistens sehr imposant, aber doch in ihrer Konzeption außerordentlich konservativ, um nicht zu sagen rückständig. So ist Idee und Wort »Totaltheater« kaum mehr geblieben als ein Stück Theater-Historie, eine Reminiszenz in Lehrbüchern für Architektur.

Anders verhält es sich mit dem »totalen Theater«, einem Begriff, der immer wieder benutzt wird, ohne daß man genau weiß, was damit eigentlich gemeint ist. Man hat zum Beispiel Jean-Louis Barraults Inszenierung von Claudels *Christoph Columbus* als »totales Theater« bezeichnet, wobei man offenbar diese Mischung aus Drama, Pantomime, Gesang, also ein Konglomerat darstellerischer Ausdrucksformen, im Auge hatte. Man hätte diese Inszenierung aber genausogut »episch« nennen können; und eine epische Kabuki-Aufführung kann man mit dem gleichen Recht »totales Theater« nennen.

Ich selbst habe mich nie dieses Begriffes bedient, weil er zu allgemein, zu wenig charakteristisch ist. »Totaltheater« – das ist ein Gebäude, das »total« bespielbar, in dem der Zuschauer als Raum-Mittelpunkt von einer »totalen« Bühne umgeben, mit ihr »total« konfrontiert ist. Die Simultaneität der historischen Vorgänge, die Gleichzeitigkeit gesellschaftlicher und politischer actio und reactio kann auf dieser Bühne, auf dieser Bühnen-»Totalität« simultan wiedergegeben werden. »Totales Theater« hingegen meint eigentlich »nur« den ständig vollzogenen Übergang von einer Spielgattung, einer Ausdrucksform in die andere – unter der Voraussetzung, daß der Bühnendarsteller in seiner Begabung und Schulung komplex genug ist, diesen Übergang glaubhaft zu vollziehen. In diesem Sinne ist also die perfekt dargebotene Vereinigung aller darstellenden Künste »totales Theater« (wobei sich unfreiwillig der Gedanke an Richard Wagners Vorstellung vom »Gesamtkunstwerk« aufdrängt).

Das *epische* respektive das *politische* Theater als ein bewußt programmatisches Theater benutzt die Gesamtheit der darstellerischen Mittel *funktionell*, das heißt: es setzt sie ein auf Grund eines konkreten dramaturgischen Anlasses. Das sogenannte totale

Theater als ein eklektisches Theater produziert kaum mehr als eine Totalität von Äußerlichkeiten. Es setzt sich um seiner selbst willen »in Szene«. Es ist ein formalistisches Theater.

1966

Die Bühne als moralische Anstalt in der Prägung dieses Jahrhunderts

Zwanzig Jahre nach dem Ende der schlimmsten Epoche der Weltgeschichte, angezettelt von einem Haufen politischer Wirrköpfe und Demagogen, die ein Volk dann zur Führung berief, hätte ebendieses Volk die Welt erschüttern müssen mit dem Bekenntnis einer übermächtigen Schuld. Nicht die anderen hätten sie uns vorhalten müssen, sondern wir selbst, zumal als ein christliches Volk und vertraut mit den Begriffen Schuld und Sühne, hätten die Schuld eingestehen müssen. Nichts von alledem.

Zwanzig Jahre danach können wir scheinbar nur triumphieren, wie weit wir es gebracht haben, wie schnell sich das Volk zurechtfand in der neuen Ordnung – nachdem man in der Weimarer Zeit schon einmal die Demokratie als deutsche Chance nach der Kaiserzeit verspielt hatte –, wie emsig wir waren im Arbeiten und Wiederaufbauen, wie geschickt und eifrig im Errichten einer neuen Machtposition, Deutschland strotzt vor Wohlstand, und alle singen ihm ein Loblied ohnegleichen. Das Erbe der Vergangenheit, die fatale Ideologie von ehedem, scheint nicht mehr sichtbar auf der deutschen Erde, die neuen Gebäude scheinen von einem neuen Geist beseelt; und dennoch spukt der alte Geist noch oft genug in den Köpfen herum.

Mit dem neuen Geist mußte natürlich auch der Aufbau neuer Stätten des Geistes Schritt halten. Nach dem Kriege entstand somit eine Vielzahl neuer Theaterbauten; Repräsentationspflicht und Kulturbewußtsein abendländischer Tradition forderten ihren Tribut. Doch hinter Beton und Glas, in herrlichen Räumen und auf weiten Bühnen scheint das Theater zurückgekehrt zu sein zu seinem elementaren Charakter, zum Spiel. Und nur hin und wieder stößt es vor in jene Region des Geistigen, die sich nicht nur als Ausdeutung eines Werkes begrenzt, sondern bedeutungsvoll wird in umfassenderem Sinne, stellvertretend steht für den Geist einer Nation. Das Theater als Ort des nationalen Bewußtseins, die Bühne als moralische Anstalt in der Prägung dieses Jahrhunderts, das sollte zwanzig Jahre danach das Signum des Theaters sein. Daß Theater gesellschaftspolitisch relevant wurde, das geschah höchst selten, und wenn, dann nur durch einzelne besondere Werke.

Jedes Haus hat seine Funktion

Hauptmanns *Vor Sonnenaufgang* war ein solches Werk, und mit ihm manifestierte sich zu Ende des vorigen Jahrhunderts die Volksbühne als Avantgarde eines neuen Bewußtseins: sie war politisch, sie war sozialkritisch, sie war modern in der Wahl ihrer Autoren. Doch schon bald verschwand ihr Programm in der Versenkung. Erst in den zwanziger Jahren gelang es noch einmal, die Freie Volksbühne zum Stein des Anstoßes zu machen, sie forderte heraus und entfachte Diskussionen. In jener Zeit war politisches Bewußtsein mitentscheidend geworden für die Qualität eines Theaterstückes. Das Berlin der zwanziger Jahre hatte Reinhardt, Barnowsky, Saltenburg, die Rotterbühnen, die Staatstheater – und die Volksbühne. Und jedes Theater hatte seine Funktion, der Spielplan wies es aus: und auch die Volksbühne beanspruchte, trotz aller Kritik, einen weiten geistigen Raum.

Der Nationalsozialismus demolierte die Gesinnung, der Krieg die Gebäude. Und nach dem Zusammenbruch fing Dr. Siegfried Nestriepke von vorne an. Karchow, Schuh, Noelte, Steckel und Skopnik berief er nacheinander an die Spitze der Volksbühne. In dem Band *Zehn Jahre Theater am Kurfürstendamm* beschreibt Professor Tiburtius die Aufgabe der Volksbühne nach 1945: »Die neue Aufgabe bestand darin, Leistungen gleichen Ranges wie die städtischen Bühnen Berlins, also höchsten Ranges innerhalb Deutschlands, aufzubringen.« Dieser Aufgabe: nur im Theatersinne gutes Theater zu machen, ist Schuh zweifellos gerecht geworden. Von einem *neuen* Volksbühnengedanken oder einer Weiterführung des alten in der Tradition Bruno Willes oder Franz Mehrings war wohl kaum die Rede. Und auch zeitgenössische Stücke waren mehr der Faszination des Neuen zu verdanken als einem entschiedenen Bewußtsein. Noelte behauptete vor kurzer Zeit auf einer Architektentagung, daß ihm nicht an einem gesellschaftlich bedingten Theater liege, es gehe ihm »um den Menschen«. Aber niemals zuvor war in der Geschichte die Identität von Mensch und Gesellschaft größer als heute. Sodann blieb die finanzielle Unterstützung dieses Theaters stets fragwürdig.

Fürsorge des Staates notwendig

Zwanzig Jahre nach dem Kriege hat West-Berlin eine hochsubventionierte Städtische Bühne und eine große Deutsche Oper; andere Theater erhalten geringe Zuschüsse. In Ost-Berlin bestehen zwei Opern und sechs Sprechtheater auf Grund der ihnen gewährten staatlichen Unterstützung. Nimmt es da wunder, wenn Ausländer in Ost-Berlin attraktiveres Theater vorfinden? Dort beweist man, daß es mit dem Neubau einer Bühne allein nicht getan ist, sondern daß die wirtschaftliche Fürsorge des Staates eine entscheidende Grundlage für Qualität und Rang künstlerischer Leistung ist. Derartige Leistungen sollten an einem Theater West-Berlins nicht möglich sein? »Zwanzig Jahre danach« kürzt man bereits wieder die Subventionen und Zuschüsse und erweckt den Eindruck, als sei der kulturelle Wiederaufbau Deutschlands bereits vollzogen; dabei ist er gerade erst in Ansätzen verwirklicht.

Bewußt politisches Theater

Zwanzig Jahre danach haben wir versucht, gegen die Uniformität der Spielpläne und die sich angleichenden Ansprüche der Zuschauer ein politisch exponiertes, politisch bewußt akzentuiertes Theater zu machen. Daß es von einem Teil der mehr oder weniger kunst-unpolitisch setzenden reaktionären Kritik negativ beurteilt wird, spricht nicht gegen diese Tat. Wie groß sind die finanziellen Schwierigkeiten geworden! Erst ihre Beseitigung helfe ein sicheres Fundament für dieses Theater zu schaffen. Die letzte Uraufführung war gewiß kein Erfolg, aber es war ein notwendiger Stoff, ein neuer Autor und eine Weiterführung unserer Absichten. Fehlschläge sind nie zu vermeiden. Zwanzig Jahre nach Kriegsende glauben wir, daß eine Stadt wie Berlin in der Lage sein muß, ein zusätzliches großes Theater zu unterhalten, welches die Pflege moderner Autoren erlaubt und ihnen die Chance der Zusammenarbeit und einer Entwicklung bietet.

Kirsts »Aufstand der Offiziere« ist gewiß eines der wenigen Stücke, die fast ganz im Theater geschrieben wurden. Unsere Autoren Hochhuth, Weiss, Walser, Kipphardt, Michelsen waren stets das eingegangene Risiko wert. Man redet ständig von Provinzialisierung, aber die Berliner Kritik hat nicht geringen Anteil daran. Das gesellschaftsbedingte Theater, das politische Theater ist trotz des Unwillens auf der anderen Seite stets eine Sache, für die es sich einzusetzen lohnt. Allerdings: ohne Stücke kein Theater, aber ohne Publikum auch keines. Und dieses Publikum hat die Freie Volksbühne. Um diese Organisation beneiden uns die Theaterleute anderer Länder. Aber auch die Organisation muß das geistige Ziel des Theaters zum eigenen Leitmotiv werden lassen, muß den Willen des Theaters mit dem eigenen untestützen. Die Mitglieder der Volksbühne müssen sich einmal vorstellen, was wäre, wenn die unter meiner Intendanz gespielten Stücke wie auf dem Spielplan eines Repertoiretheaters aufgeführt wären. Kulturpolitisch wäre ein spannungsvolles Gegengewicht zu den anderen Bühnen geschaffen, und man hätte unter anderem die Möglichkeit, innerhalb eines kurzen Zeitraumes den *Stellvertreter*, den *Oppenheimer*, den *Fuhrmann Henschel* und die *Ermittlung* zu sehen.

ANHANG

Quellen und Anmerkungen

Piscator über die Regie
Die Volksbühne. Berlin 1 (1926) 3, S. 1–2
Titel von der Redaktion

Was ich will
Berliner Tageblatt. 6. 4. 1927
Antwort auf die Umfrage »Zum Fall Piscator: Kampf um ›Zeittheater‹ und Regie!«

Die Umfrage ist mit einer Vorbemerkung von Leopold Jeßner, Intendant des Staatlichen Schauspielhauses, eingeleitet: »Revolutionierung des Spielplans? . . . Ein Repertoire von Sophokles bis zu den noch Unentdeckten, mit den Augen unserer Zeit gesehen, aus den Nerven unserer Zeit gefühlt, mit den Mitteln unserer Zeit dargestellt! Hierin – und nicht in der sehr äußerlichen Problem- und Stoffwahl – besteht die einzig gültige Aktualität des Theaters.«

Ferner äußerten sich zu diesem Thema: Otto Falckenberg, Rudolf Hartwig, Dr. Heinz Lipmann, Detlef Sierck, Oskar Schlemmer.

Das politische Theater
Die Neue Bücherschau. Berlin. 7. Jahr, 5. Folge (1927) 4, S. 168–171

Bühne der Gegenwart und Zukunft
Die Rote Fahne. Berlin. 1. 1. 1928

Das Theater von morgen
Berliner Börsen-Courier. 31. 3. 1929

Antwort auf die Umfrage: »Die letzten Theaterjahre haben die Frage des stofflichen oder des formalen Theaters, des Zeittheaters oder des zeitunabhängigen Theaters besonders zur Diskussion gestellt. In diesem Zusammenhang ist auch die schwere Krise zu verstehen, die die Form der klassischen Darstellung auf der Bühne heute durchmacht. Es ist notwendig, diese Fragen zu klären. Wir haben uns deshalb an Dramatiker und Theaterleiter mit der Frage gewandt: ›Welche neuen Stoffgebiete können das Theater befruchten? Verlangen diese Stoffe eine neue Form des Dramas und des Spiels?‹ Die Antworten zeigen, wie die Dinge des Theaters in Bewegung geraten sind, wie notwendig die Auseinandersetzung geworden ist. Sie hängt zusammen mit der Umlagerung der Weltanschauung. Wir werden diesen Komplex weiterhin zur kämpferischen Diskussion stellen.«

Antworten ferner von: Ernst Barlach, Bertolt Brecht, Arnolt Bronnen, Ferdinand Bruckner, Emil Burri, Marieluise Fleißer, Leopold Jeßner,

Georg Kaiser, Peter Martin Lampel, Gerhard Menzel, Ernst Toller, Fritz von Unruh, Carl Zuckmayer.
Sammeltitel von der Redaktion

Rechenschaft 1. Vortrag, gehalten am 25. März 1929 im ehemaligen Herrenhaus, Berlin (Gekürzte Fassung)
Die Junge Volksbühne. Berlin 1 (1929) 3, S. 3–5
Bezifferung vom Herausgeber

Rechenschaft 2 (Aus einem Vortrag)
Die Scene. Berlin. 19 (1929) 4, S. 111–114
Der Text ist ein anderer Ausschnitt aus der Rede vom 25. 3. 1929 im Sitzungssaal des ehemaligen Herrenhauses vor den Sonderabteilungen der Volksbühne. Eine weitere, offenbar stark gekürzte Wiedergabe der Rede erschien auch in der Zeitung *Die Welt am Morgen* vom 26. 3. 1929. Sie weicht von den hier abgedruckten Texten ab. Der Herausgeber entschied sich für die beiden von Piscator gezeichneten Texte.
Reibaro: Von 1926 bis 1929 bestehender Trust der Bühnen Reinhardts, Barnowskys und Roberts zum Zwecke der Konzentration ökonomischer Mittel und künstlerischer Kräfte.
Bezifferung vom Herausgeber

Das ABC des Theaters
Ein Rundfunkgespräch zwischen Herbert Ihering und Erwin Piscator
Die Literatur. Berlin. 31 (1928–29) 9, S. 497–500. Das Gespräch fand am 22. April 1929 im Berliner Rundfunk statt.

Das Zeittheater in der Krise
Blätter der Piscatorbühne (Friedrich Wolf »Tai Yang erwacht«, 15. 1. 1931). S. 5–7

Theater und Kino
Das Internationale Theater. Moskau. 1 (1933) 3, S. 11–13

Das Theater der Zukunft. The Theatre of the Future
Tomorrow. New York. 1 (1942) 14, S. 1–6
Der Aufsatz wurde an der durch Punkte gekennzeichneten Stelle um den wörtlich übernommenen Text »vom modernen theaterbau, unter berücksichtigung des piscator-theaterneubaus in berlin« von Walter Gropius gekürzt, der bereits aus dem *Politischen Theater* bekannt ist.
Federal Theatre Project – 1935 bis 1939 – ein staatliches Programm zur Unterstützung erwerbsloser Bühnenkünstler, in der Folge Ausgangspunkt eines Netzes von Theatergruppen, die bei niedrigsten Preisen einem breiten Publikum wirklichkeitsnahe Stücke zu bringen versuchten. Kopf der Bewegung war Hallie Flanagan.
Aus dem Englischen

Objektive Spielweise. Objective Acting
In: *Actors on Acting. The Theories Techniques, and Practices of the Great Actors of all Time as Told in Their Own Words.*
Edited with Introductions & Biographical Notes by Toby Cole and Helen Kirch Chiony. New York 1949, S. 285–291
Aus dem Englischen

»Technik«: Anklage und Freispruch
Das Theater-Tagebuch. Emsdetten (Westf.). 1 (1953) 4, S. 1–6

Gespräch mit Erwin Piscator
Nationaltheater Mannheim. *Bühnenblätter.* 1954–55/2/10–11, 14–15 (Arthur Miller *Hexenjagd* 20. 9. 1954)
Dramatisches Kollektiv Hamburg – gemeint ist das von Günther Weisenborn eingerichtete und geleitete Dramaturgische Kollegium, das von 1950 bis 1954 Fachgespräche zwischen erfahrenen und jungen Dramatikern, öffentliche Diskussionen und Experimentalaufführungen veranstaltete. An entstehenden Stücken wurden vor allem Probleme der »ortlosen Dramaturgie« und des epischen Theaters erörtert. An einigen Veranstaltungen des Kollegiums beteiligte sich auch Erwin Piscator, so an der öffentlichen Aussprache »Gerichtsverhandlung über die Spielpläne« am 17. 2. 1952 und als Regisseur an der Studioaufführung von Einaktern unter dem Titel *Des Menschen Grundgesetz* am 16. 3. 1952, beides in den Hamburger Kammerspielen, an denen Weisenborn damals als Chefdramaturg wirkte.
Titel von der Redaktion

Gedanken zu einer Erneuerung der Bühnenkunst durch das Licht
Nationaltheater Mannheim. *Bühnenblätter.* 1954–55. 2. S. 15 und 17 (Arthur Miller *Hexenjagd* 20. 9. 1954)

Erwin Piscator über Theater. Erwin Piscator nous parle de théâtre
Gespräch mit Angélica Hafner für die Zeitschrift *théâtre populaire*
théâtre populaire. Paris. (1956) 19, S. 1–8
Vorbemerkung der Redaktion: »Anläßlich einer Vorstellung von ›Krieg und Frieden‹ – im Rahmen des 3. Internationalen Festivals in Paris – trafen wir mit Erwin Piscator zusammen, der das Ensemble des Berliner Schiller-Theaters begleitete. Das Interview für ›théâtre populaire‹, in das Piscator gern einwilligte, vervollständigt die in unserer Nummer November–Dezember 1955 bereits gegebenen Informationen über eine der wichtigsten Inszenierungen dieser Zeit. Wir verdanken die längere Unterhaltung der Freundlichkeit von Mme Angélica Hafner, die vor dem Krieg Sekretärin bei Piscator war.«
Aus dem Französischen

Die Dramatisierung von Romanen
Nach dem Typoskript
Der Beitrag erschien unter dem Titel *The Adaptation of the Novel to the Stage / L'Adaption de Romans à la Scène* in: *World Theatre / Le Théâtre dans le Monde*. Bruxelles. 5 (1956) 4, S. 291–304

Der Abschnitt von »Wie wunderbar, wie glorreich waren jene Novembertage...« bis »... noch sind sie dafür eingetreten« wurde aus dem Französischen rückübersetzt, da die entsprechende Seite im Typoskript fehlt. Das Zitat von Gabriel Marcel lautet deutsch: »Vor einigen Jahren hörte ich von Freunden, daß sich der große Regisseur Erwin Piscator vorgenommen habe, ›Krieg und Frieden‹ auf die Bühne zu bringen; ich traute meinen Ohren nicht, das Unternehmen schien mir verrückt, fast albern. Nach dem Besuch der Aufführung, die das Berliner Schillertheater während des Internationalen Festivals der dramatischen Kunst in Paris zeigte, muß ich kurzum bekennen, daß dieser unglaubliche Spieler Piscator gesiegt hat. Das Schauspiel, das allgemein einen fast triumphalen Erfolg errang, ist, wie mir scheint, ein bemerkenswertes Beispiel dafür, wie ein Volkstheater sein kann und sein muß. Es ist erschütternd und wird einen kräftigen Widerhall bei denen haben, die ihm beiwohnten.«

Meine »Räuber«-Inszenierung zur Eröffnung des neuen Mannheimer Nationaltheaters
Nach dem Typoskript

Technik – eine künstlerische Notwendigkeit des modernen Theaters
Vortrag für die 32. Bühnentechnische Tagung am 28. Juli 1959 in Mannheim
Bühnentechnische Rundschau. Berlin. 53 (1959) 5, S. 10–14

Für Überzeugungen sterben?
Freie Volksbühne Berlin (*Programmheft*). 1964–65. 2. S. 15–16 (George Bernard Shaw *Androklus und der Löwe*. 16. 12. 1964)

Totaltheater und totales Theater
Nach dem Typoskript
Französisch und englisch in: *Le Théâtre dans le Monde / World Theatre*. Bruxelles. 15 (1966) 1, S. 5–9

Die Bühne als moralische Anstalt in der Prägung dieses Jahrhunderts
Der Telegraf. Berlin. 20. 3. 1966

Inszenierungsverzeichnis

1920–1931

1920

August Strindberg: *Gespenstersonate*	Königsberg Das Tribunal 10. 1.	Regie: Erwin Piscator / Oskar Lucian Spaun Bild: Otto Reigbert
Frank Wedekind: *Tod und Teufel* Heinrich Mann: *Varieté*	Königsberg Das Tribunal 20. 1.	Bild: Otto Reigbert
Frank Wedekind: *Schloß Wetterstein*	Königsberg Das Tribunal 30. 1.	Bild: Erwin Piscator / Franz Kaiser
Georg Kaiser: *Der Centaur*	Königsberg Das Tribunal 17. 2.	
Karl August Wittfogel: *Der Krüppel* Ladislaus Sas: *Vor dem Tore* Lajos Barta: *Rußlands Tag*	Berlin Proletarisches Theater 14. 10. (alle U)	Bild: John Heartfield (Nur für Rußlands Ta
Maxim Gorki: *Die Feinde*	Berlin Proletarisches Theater 10. 11.	
Upton Sinclair: *Prinz Hagen*	Berlin Proletarisches Theater 5. 12. (DE)	

1921

Franz Jung: *Wie lange noch – Du Hure bürgerliche Gerechtigkeit?*	Berlin Proletarisches Theater Februar (U)	
Franz Jung: *Die Kanaker*	Berlin Proletarisches Theater April (U)	

1922

Maxim Gorki: *Die Kleinbürger*	Berlin Central-Theater 29. 9.	
Romain Rolland: *Die Zeit wird kommen*	Berlin Central-Theater 17. 11.	

1923

Lew N. Tolstoi: *Die Macht der Finsternis*	Berlin Central-Theater Januar	

1924

Alfons Paquet: *Fahnen*	Berlin Volksbühne 26. 5. (U)	Bild: Edward Suhr
Felix Gasbarra / Erwin Piscator: *Revue Roter Rummel*	Berlin (Säle) 22. 11. (U)	Musik: Edmund Meisel
Eugene O'Neill: *Unterm karibischen Mond* Alfred Brust: *Südseespiel*	Berlin Volksbühne 21. 12. (DE; U)	Bild: Paul Malik Musik: Wolfgang Zeller

1925

Hans José Rehfisch: *Wer weint* *um Juckenack?*	Berlin Volksbühne 1. 2.	
Berta Lask: *Die Befreiung*	Berlin Arbeitspielgruppe im Central-Theater 8. 3. (U)	
Rudolf Leonhard: *Segel am Horizont*	Berlin Volksbühne 14. 3. (U)	Bild: Traugott Müller
Politisch-satirische *Abende*	Berlin (Säle) März/April	
Wilhelm Schmidtbonn: *Hilfe! Ein Kind ist* *vom Himmel gefallen!*	Berlin Volksbühne (Central-Theater) 2. 5.	
Felix Gasbarra / Erwin Piscator: *Trotz alledem!*	Berlin Großes Schauspielhaus 12. 7. (U)	Bild: John Heartfield Musik: Edmund Meisel
Hanns Johst: *Die fröhliche Stadt*	München Kammerspiele September	

1926

Eugen Ortner: *Michael Hundertpfund*	Berlin Tribüne 17. 1.	Bild: Caesar Klein
Alfons Paquet: *Sturmflut*	Berlin Volksbühne 20. 2. (U)	Bild: Edward Suhr Film: I. A. Hübler-Kahla

Paul Zech: *Das trunkene Schiff*	Berlin Volksbühne 21. 5. (U)	Bild: Edward Suhr Projektions- zeichnungen: George Grosz Musik: Wolfgang Zeller
August Strindberg: *Rausch*	München Kammerspiele 7. 6.	
Friedrich Schiller: *Die Räuber*	Berlin Staatliches Schauspielhaus 11. 9.	Bild: Traugott Müller Musik: Edmund Meisel
Alfons Paquet: *Sturmflut*	Hamburg Kammerspiele 26. 9.	Bild: Johannes Schröder
Maxim Gorki: *Nachtasyl*	Berlin Volksbühne 10. 11.	Bild: Edward Suhr

1927

Heinrich Mann: *Das gastliche Haus*	München Kammerspiele 21. 1. (U)	Bild: Otto Reigbert
Gerhart Hauptmann: *Die Weber*	Berlin Theater erwerbsloser Bühnenangehöriger 15. 2.	
Ehm Welk: *Gewitter über Gottland*	Berlin Volksbühne 23. 3. (U)	Bild: Traugott Müller Film: Kurt Oertel Musik: Wolfgang Zeller

Ernst Toller: *Hoppla, wir leben!* Chansontexte von Walter Mehring Bearbeitung der Piscator-Bühne	Berlin 1. Piscator-Bühne (Theater am Nollen- dorfplatz) 3. 9. (U)	Bild: Traugott Müller Projektionen: John Heartfield Film: Kurt Oertel Musik: Edmund Meisel Choreographie: Mary Wigman
Alexei Tolstoi / P. Schtschegolew: *Rasputin,* *die Romanows,* *der Krieg und das Volk,* *das gegen sie aufstand* Bearbeitung: Erwin Piscator / Felix Gasbarra / Leo Lania / Bertolt Brecht	Berlin 1. Piscator-Bühne (Theater am Nollen- dorfplatz) 10. 11. (U)	Bild: Traugott Müller Film: I. A. Hübler-Kahla Musik: Edmund Meisel
1928		
Max Brod / Hans Reimann: *Die Abenteuer des* *braven Soldaten Schwejk* Bearbeitung: Erwin Piscator / Felix Gasbarra / Leo Lania / Bertolt Brecht	Berlin 1. Piscator-Bühne (Theater am Nollen- dorfplatz) 23. 1. (U)	Bild: George Grosz Film: I. A. Hübler-Kahla Musik: Edmund Meisel
Leo Lania: *Konjunktur*	Berlin 1. Piscator-Bühne (Lessing-Theater) 10. 4. (U)	Bild: Traugott Müller Musik: Kurt Weill
1929		
Maxwell Anderson / Lawrence Stallings: *Rivalen* Freie Bearbeitung von Carl Zuckmayer	Berlin Theater in der Königgrätzer Straße 20. 3. (DE)	Bild: Caspar Neher Musik: Walter Göhr

Walter Mehring: *Der Kaufmann von Berlin*	Berlin 2. Piscator-Bühne (Theater am Nollendorfplatz) 6. 9. (U)	Bild: Laszlo Moholy-Nagy Film: Alex Strasser Zeichentricks: Elwitz-Schönfeld
Friedrich Schiller: *Die Räuber*	Berlin 2. Piscator-Bühne (Theater am Nollendorfplatz) September	Bild: Erwin Piscator
Carl Credé: *§ 218 (Frauen in Not)*	Mannheim Piscator-Kollektiv (Apollotheater) 23. 11. (U)	Bild: Traugott Müller

1930

Theodor Plivier: *Des Kaisers Kulis*	Berlin Piscator-Kollektiv (Lessing-Theater) 31. 8. (U)	Bild: Traugott Müller Film: Svend Noldan / Albrecht Viktor Blum Musik: Edmund Meisel

1931

Friedrich Wolf: *Tai Yang erwacht*	Berlin Piscator-Kollektiv (Wallner-Theater) 15. 1. (U)	Bild: John Heartfield Choreographie: Jean Weidt

1940–1951

1940

George Bernard Shaw: *Saint Joan*	Washington März	

William Shaespeare: *King Lear*	New York Studio Theatre 14. 12.	Musik: Henry Cowell / Harold Burris-Meyer

1942

Erwin Piscator / Alfred Neumann: *War and Peace* Nach dem Roman von Lew N. Tolstoi	New York Studio Theatre 7. 5. (U)	Bild: H. A. Condell Musik: Kurt List Film: Hans Richter Choreographie: Trudy Goth

1943

Eugene O'Neill: *Mourning becomes Electra*	New York Rooftop Theatre 15. 10.	Bild: Arturo Soto Licht: Hans Sondheimer

1944

Irving Kaye Davis: *Last Stop*	New York Ethel Barrymore Theatre 5. 8.	

1945

Bertolt Brecht: *The Private Life of the Masters Race*	New York Pauline Edwards Theatre 12. 6.	Bild: Leo Kerz Musik: Hanns Eisler

1947

Jean-Paul Sartre: *The Flies*	New York President Theatre 17. 4.	Regie: Erwin Piscator / Paul Ransom Bild: Willis Knighton Musik: Harold Holden

1948

Robert Penn Warren: *All the King's Men* Bühnenbearbeitung von Erwin Piscator	New York President Theatre Januar	
Ferdinand Bruckner: *Chaff*	New York President Theatre März	Regie: Erwin Piscator / Carl Heinz Roth Bild: Larry Goldwasser Musik: Joseph de Victoria

1949

Wolfgang Borchert: *Outside the Door*	New York President Theatre März	
Heinz Herald / Geza Herczeg: *The Burning Bush* Bearbeitung von Noel Langley	New York Rooftop Theatre 10. 12.	Bild: H. A. Condell Musik: Leonhard Marker

1950

John F. Matthews: *The Scapegoat* Nach Franz Kafka	New York President Theatre 3. 11.	Bild: H. A. Condell

1951

William Shakespeare: *Macbeth*	New York 28. 2.	Bild: Zvi Geyra Musik: Chouteau Dyer Choreographie: Trudl Dubsky-Zipper

1951–62

1951

Fritz Hochwälder: *Virginia*	Hamburg Deutsches Schauspiel- haus 4. 12. (U)	Bild: Heinz Gerhard Zircl

1952

Gotthold Ephraim Lessing: *Nathan der Weise*	Marburg Schauspielhaus 14. 5.	Bild: Erhardt Klonk
Peter Ustinov: *Die Liebe der vier Obersten*	Zürich Schauspielhaus 11. 9.	Bild: Ambrosius Humm Musik: Walter Baumgartner
Georg Büchner: *Leonce und Lena*	Gießen Stadttheater 27. 10.	Bild: Hans Hamann
Georg Büchner: *Dantons Tod*	Marburg Schauspielhaus 2. 11.	Bild: Erhardt Klonk Musik: Friedrich Leinert

1953

George Bernard Shaw: *Androklus und der Löwe*	Den Haag Komödie 1. 1.	Bild: Noni Lichtveld Musik: Sas Bunge
Fritz Hochwälder: *Das heilige Experiment*	Den Haag Komödie 14. 2.	Bild: Willem Deering
William Shakespeare: *Macbeth*	Oldenburg Staatstheater 1. 9.	

Jean-Paul Sartre: *Im Räderwerk* Für die Bühne eingerichtet von Oskar Wälterlin	Frankfurt (Main) Städtische Bühnen Kleines Haus im Börsensaal 27. 9. (DE)	Bild: Hermann Soherr Musik: Aleida Montijn
1954		
Arthur Miller: *Hexenjagd*	Mannheim Nationaltheater Kleines Haus 20. 9.	Bild: Paul Walter
Arthur Miller: *Hexenjagd*	Tübingen Landestheater Württemberg- Hohenzollern	Bild: Walter Pietsch
George Bernard Shaw: *Cäsar und Cleopatra*	Den Haag Komödie 15. 6.	Bild: Adolf Stripling Musik: Jurriaan Andriessen
1955		
Arthur Miller: *Hexenjagd*	Göteborg Volkstheater 8. 2.	Bild: Erwin Piscator
Alfred Neumann / Erwin Piscator / Guntram Prüfer: *Krieg und Frieden*	Berlin Schillertheater 20. 3. (U der Neufassung)	Bild: Hanns-Walter Lenneweit Musik: Boris Blacher
Arthur Miller: *Hexenjagd*	Marburg Schauspielhaus 20. 4.	Bild: Erwin Piscator
Jean-Paul Sartre: *Im Räderwerk* Für die Bühne eingerichtet von Oskar Wälterlin	Tübingen Landestheater Württemberg- Hohenzollern 15. 6.	Bild: Erwin Piscator Musik: Aleida Montijn

Alfred Neumann / Erwin Piscator / Guntram Prüfer: *Krieg und Frieden*	Darmstadt Landestheater 19. 9.	Bild: Erwin Piscator Musik: Boris Blacher
William Faulkner: *Requiem für eine Nonne*	Berlin Schloßparktheater 10. 11.	Bild: Franz Mertz Musik: Herbert Baumann
Paolo Levi: *Der Fall Pinedus*	Mannheim Nationaltheater Kleines Haus 30. 12.	Bild: Paul Walter

1956

William Faulkner: *Requiem für eine Nonne*	Göteborg Volkstheater 16. 2.	
Georg Büchner: *Dantons Tod*	Berlin Schillertheater 4. 5.	Bild: Caspar Neher Musik: Kurt Heuser
Alfred Neumann / Erwin Piscator / Guntram Prüfer: *Krieg und Frieden*	Tübingen Landestheater Württemberg-Hohenzollern 24. 6.	Bild: Erwin Piscator Musik: Boris Blacher
Alfred Neumann / Erwin Piscator / Guntram Prüfer: *Krieg und Frieden*	Krefeld-Mönchengladbach Vereinigte Städtische Bühnen 20. 11.	Bild: Heinz Beisker Musik: Boris Blacher

1957

Friedrich Schiller: *Die Räuber*	Mannheim Nationaltheater Kleines Haus 13. 1.	Bild: Paul Walter Musik: Aleida Montijn

Luigi Pirandello: *Wie du mich willst*	Tübingen Landestheater Württemberg-Hohenzollern (DE)	Bild: Hans Günther Spornitz Musik: Aleida Montijn
Lew N. Tolstoi: *Er ist an allem schuld* Anton Tschechow: *Der Bär / Der Heiratsantrag*	Berlin Schloßparktheater 16. 5.	Bild: Ita Maximowna Musik: Herbert Baumann
Alfred Neumann / Erwin Piscator / Guntram Prüfer: *Krieg und Frieden*	Upsala 25. 10.	
August Strindberg: *Totentanz I und II* Bearbeitung für einen Abend von Franz Höllering (Piscator-Fassung)	Hamburg Thalia-Theater 24. 11.	Bild: Fritz Brauer Musik: Edmund von der Meden

1958

Eugene O'Neill: *Trauer muß Elektra tragen*	Essen Bühnen der Stadt Januar (DE)	Bild: Hans Aeberli
Friedrich Schiller: *Wilhelm Tell*	Mannheim Nationaltheater Kleines Haus 7. 6.	Bild: Paul Walter Musik: Hans Georg Gitschel
Georg Kaiser: *Gas I und II*	Bochum Schauspielhaus 28. 9.	Bild: Max Fritzsche Musik: Emil Peeters
Arthur Miller: *Hexenjagd*	Essen Bühnen der Stadt 23. 11.	Bild: Erwin Piscator / Hans Aeberli Musik: Heinz-Albert Heindrichs

1959

Friedrich Schiller: *Die Räuber*	Essen Bühnen der Stadt 24. 2.	Bild: Erwin Piscator / Hans Aeberli Musik: Aleida Montijn
Georg Kaiser: *Nebeneinander*	Hamburg Thalia-Theater 4. 5.	Bild: Fritz Brauer Musik: Edmund von der Meden
Max Frisch: *Biedermann und die Brandstifter*	Mannheim Nationaltheater Kleines Haus 22. 5.	Bild: Paul Walter
Friedrich Schiller: *Don Carlos*	München Kammerspiele 26. 9.	Bild: Hannes Meyer Musik: Aleida Montijn
August Strindberg: *Totentanz I und II* Bearbeitung für einen Abend von Franz Höllering (Piscator-Fassung)	Essen Bühnen der Stadt Humboldt-Aula 21. 11.	Bild: Fritz Riedl Musik: Heinz-Albert Heindrichs

1960

Bertolt Brecht: *Mutter Courage und ihre Kinder*	Kassel Staatstheater Großes Haus 20. 2.	Bild: Ekkehard Grübler Musik: Paul Dessau
Jean-Paul Sartre: *Die Eingeschlossenen*	Essen Bühnen der Stadt 2. 5.	Bild: Hans Aeberli
Boris Blacher: *Rosamunde Floris* Nach dem Schauspiel Georg Kaisers von G. von Westermann	Berlin Städtische Oper 21. 9.	Bild: Hans-Ulrich Schmückle Musikalische Leitung: Richard Kraus

Carl Sternheim: *1913*	München Kammerspiele 17. 11.	Bild: Hanns-Walter Lenneweit
Jean-Paul Sartre *Die Eingeschlossenen*	Marburg Schauspielhaus 24. 11.	Bild: Volker Benninghoff
1961		
William Faulkner: *Requiem für eine Nonne*	Paris Théâtre des Nations	
Jean Anouilh: *Becket oder Die Ehre Gottes*	Essen Bühnen der Stadt 5. 1.	Bild: Hans Aeberli Musik: Aleida Montijn
Jean-Paul Sartre: *Die Eingeschlossenen*	Tübingen Landestheater Württemberg- Hohenzollern 9. 2.	Bild: Eugen Wintterle Musik: Aleida Montijn
Hans Henny Jahnn: *Der staubige Regenbogen* Neu eingerichtet von Erwin Piscator und Karlheinz Braun	Frankfurt (Main) Städtische Bühnen Kleines Haus im Börsensaal 17. 3. (U)	Bild: Franz Mertz Musik: Aleida Montijn
Carl Sternheim: *1913*	Frankfurt (Main) Städtische Bühnen Kleines Haus 13. 9.	Bild: Hanns-Walter Lenneweit Musik: Aleida Montijn
Arthur Miller: *Der Tod des Handlungsreisenden*	Berlin Theater am Kurfürstendamm Haus der Freien Volksbühne 6. 10.	Bild: Franz Mertz

Carl Sternheim: *1913*	Essen Bühnen der Stadt 29. 10.	Bild: Hanns-Walter Lenneweit Musik: Aleida Montijn

1962

Bertolt Brecht: *Flüchtlingsgespräche* Bearbeitung von Erwin Piscator	München Kammerspiele im Schauspielhaus Werkraumtheater 15. 2. (U)	Bild: Henri Meyer-Brockmann
Carl Sternheim: *1913*	Tübingen Landestheater Württemberg-Hohenzollern 17. 2.	Bild: Hanns-Walter Lenneweit Musik: Aleida Montijn
Jean Genet: *Der Balkon*	Frankfurt (Main) Städtische Bühnen 31. 3.	Bild: Johannes Waltz Musik: Aleida Montijn

1962–1966

1962

Gerhart Hauptmann: *Die Atriden-Tetralogie* Bearbeitung von Erwin Piscator	Berlin Theater am Kurfürstendamm Haus der Freien Volksbühne 7. 10. (Erste Gesamtaufführung)	Bild: Franz Mertz Musik: Aleida Montijn
Jean Anouilh: *Die Grotte*	Berlin Theater am Kurfürstendamm Haus der Freien Volksbühne 16. 12. (DE)	Bild: Hanns-Walter Lenneweit

1963

Rolf Hochhuth: *Der Stellvertreter*	Berlin Theater am Kurfürstendamm Haus der Freien Volksbühne 20. 2. (U)	Bild: Leo Kerz Musik: Aleida Montijn
Romain Rolland: *Robespierre* Bearbeitung von Erwin Piscator / Felix Gasbarra	Berlin Freie Volksbühne 1. 5.	Bild: Hans-Ulrich Schmückle Musik: Boris Blacher / Aleida Montijn
Giuseppe Verdi: *Die Räuber*	Florenz Teatro Communale 18. 6.	Bild: Paul Walter
William Shakespeare: *Der Kaufmann von Venedig* Bearbeitung von Erwin Piscator	Berlin Freie Volksbühne 1. 12.	Bild: Hans-Ulrich Schmückle Musik: Aleida Montijn

1964

Jean-Paul Sartre: *Der Teufel und der liebe Gott*	Frankfurt (Main) Städtische Bühnen Schauspielhaus 21. 5.	Bild: Hanns-Walter Lenneweit Musik: Aleida Montijn
Richard Strauss: *Salome*	Florenz Teatro Communale 31. 5.	Bild: Hans-Ulrich Schmückle
Herbert Asmodi: *Mohrenwäsche*	Berlin Freie Volksbühne 18. 6. (U)	Regie: Willi Trenk-Trebitsch / Erwin Piscator Bild: Hanns-Walter Lenneweit Musik: Aleida Montijn

Heinar Kipphardt: *In der Sache* *J. Robert Oppenheimer*	Berlin Freie Volksbühne 11. 10. (U)	Bild: Hans-Ulrich Schmückle Film: Werner Krien
George Bernard Shaw: *Androklus und der Löwe*	Berlin Freie Volksbühne 16. 12.	Bild: Hein Heckroth Musik: Aleida Montijn

1965

Heinar Kipphardt: *In der Sache* *J. Robert Oppenheimer*	Brüssel Théâtre Royal du Parc 19. 1.	Bild: Hans-Ulrich Schmückle
Gerhart Hauptmann: *Fuhrmann Henschel*	Berlin Freie Volksbühne 1. 4.	Bild: Roman Weyl
Peter Weiss: *Die Ermittlung*	Berlin Freie Volksbühne 19. 10. (Ring-U)	Bild: Hans-Ulrich Schmückle Musik: Luigi Nono

1966

Hans Hellmut Kirst / Erwin Piscator: *Aufstand der Offiziere*	Berlin Freie Volksbühne 2. 3. (U)	Bild: Hans-Ulrich Schmückle Musik: Aleida Montijn

Film · Funk · Fernsehen

1932–1934

Aufstand der Fischer *von St. Barbara* Nach der Erzählung von Anna Seghers Film	Moskau Filmgesellschaft Meshrabpom

1953

Ilse Langner: *Heimkehr*	Westdeutscher Rundfunk

1954

Georg Kaiser: *Gas*	Hessischer Rundfunk

1956

Jean-Paul Sartre *Im Räderwerk*	Hessischer Rundfunk Fernsehen

Inszenierungen anderer Regisseure an den von Piscator geleiteten Ensembles wurden nicht erfaßt. Im Dramatic Workshop entstanden etwa 100 Inszenierungen unter Piscators Aufsicht. Sie konnten für diese Ausgabe nicht lückenlos und definitiv erfaßt werden.

edition suhrkamp

724 Otwin Massing, Politische Soziologie
726 Ernst Bloch, Ästhetik des Vor-Scheins 1
727 Peter Bürger, Theorie der Avantgarde
728 Beulah Parker, Meine Sprache bin ich
729 Probleme der marxistischen Rechtstheorie. Herausgegeben von H. Rottleuthner
730 Jean-Luc Dallemagne, Die Grenzen der Wirtschaftspolitik
731 Gesellschaft, Beiträge zur Marxschen Theorie 2
732 Ernst Bloch, Ästhetik des Vor-Scheins 2
733 Alexander Kluge, Gelegenheitsarbeit einer Sklavin
734 Henri Lefebvre, Metaphilosophie. Prolegomena
735 Paul Mattick, Spontaneität und Organisation
736 Noam Chomsky, Aus Staatsraison
737 Louis Althusser, Für Marx
738 Spazier/Bopp, Grenzübergänge. Psychotherapie
739 Gesellschaft, Beiträge zur Marxschen Theorie 3
740 Bertolt Brecht, Das Verhör des Lukullus. Hörspiel
741 Klaus Busch, Die multinationalen Konzerne
742 Methodologische Probleme einer normativ-kritischen Gesellschaftstheorie. Herausgegeben von Jürgen Mittelstraß
744 Gero Lenhardt, Berufliche Weiterbildung und Arbeitsteilung in der Industrieproduktion
745 Brede/Kohaupt/Kujath, Ökonomische und politische Determinanten der Wohnungsversorgung
746 Der Arzt, sein Patient und die Gesellschaft. Herausgegeben von Dorothea Ritter-Röhr
747 Gunnar Heinsohn, Rolf Knieper, Theorie des Familienrechts
749 Rudolf zur Lippe, Bürgerliche Subjektivität
751 Brechts Modell der Lehrstücke. Herausgegeben von Rainer Steinweg
754 Zur Wissenschaftslogik einer kritischen Soziologie. Herausgegeben von Jürgen Ritsert
756 Hannelore/Heinz Schlaffer, Studien zum ästhetischen Historismus
758 Brecht-Jahrbuch 1974. Herausgegeben von J. Fuegi, R. Grimm, J. Hermand
759 Der Weg ins Freie. Fünf Lebensläufe überliefert von H. M. Enzensberger
760 Lodewijk de Boer, The Family
761 Claus Offe, Berufsbildungsreform
762 Petr Kropotkin, Ideale und Wirklichkeit in der russischen Literatur
764 Gesellschaft, Beiträge zur Marxschen Theorie 4
766 Laermann/Piechotta/Japp/Wuthenow u.a., Reise und Utopie
767 Monique Piton, Anders Leben
768 Félix Guattari, Psychotherapie, Politik und die Aufgaben der institutionellen

Analyse
769 Jahoda/Lazarsfeld/Zeisel, Die Arbeitslosen von Marienthal
770 Herbert Marcuse, Zeit-Messungen
771 Brecht im Gespräch. Herausgegeben von Werner Hecht
772 Th. W. Adorno, Gesellschaftstheorie u. Kulturkritik
773 Kurt Eisner, Sozialismus als Aktion
775 Horn, Luhmann, Narr, Rammstedt, Röttgers, Gewaltverhältnisse und die Ohnmacht der Kritik
776 Reichert/Senn, Materialien zu Joyce »Ein Porträt des Künstlers«
777 Caspar David Friedrich und die deutsche Nachwelt. Herausgegeben von Werner Hofman
778 Klaus Fritzsche, Politische Romantik und Gegenrevolution
779 Literatur und Literaturtheorie. Hrsg. von Peter U. Hohendahl und Patricia Herminghouse
780 Piero Sraffa, Warenproduktion mittels Waren
782 Helmut Brackert, Bauernkrieg und Literatur
784 Friedensanalysen 1
787 Gesellschaft, Beiträge zur Marxschen Theorie 5
790 Gustav W. Heinemann, Präsidiale Reden
791 Beate Klöckner, Anna oder leben heißt streben
792 Rainer Malkowski, Was für ein Morgen
793 Von deutscher Republik. Hrsg. von Jost Hermand
794 Döbert R./Nunner-Winkler, G., Adoleszenzkrise und Identitätsbildung
795 Dieter Kühn, Goldberg-Variationen
797 Brecht Jahrbuch 1975
798 Gespräche mit Ernst Bloch. Herausgegeben von Rainer Traub und Harald Wieser
799 Volker Braun, Es genügt nicht die einfache Wahrheit
800 Karl Marx, Die Ethnologischen Exzerpthefte
801 Wlodzimierz Brus, Sozialistisches Eigentum und politisches System
802 Johannes Gröll, Erziehung im gesellschaftlichen Reproduktionsprozeß
803 Rainer Werner Fassbinder, Stücke 3
804 James K. Lyon, Bertolt Brecht und Rudyard Kipling
806 Gesellschaft, Beiträge zur Marxschen Theorie 6
807 Gilles Deleuze/Félix Guattari, Kafka. Für eine kleine Literatur
808 Ulrike Prokop, Weiblicher Lebenszusammenhang
809 G. Heinsohn / B. M. C. Knieper, Spielpädagogik
811 Ror Wolf, Auf der Suche nach Doktor Q.
812 Oskar Negt, Keine Demokratie ohne Sozialismus
815 Giselher Rüpke, Schwangerschaftsabbruch und Grundgesetz
816 Rainer Zoll, Der Doppelcharakter der Gewerkschaften
817 Bertolt Brecht, Drei Lehrstücke: Badener Lehrstück, Rundköpfe, Ausnahme und Regel
818 Gustav Landauer, Erkenntnis und Befreiung
820 Wolfgang Abendroth, Ein Leben in der Arbeiterbewegung

821 Otto Kirchheimer, Von der Weimarer Demokratie zum Faschismus
822 Verfassung, Verfassungsgerichtsbarkeit, Politik. Herausgegeben von Mehdi Tohidipur
823 Rossana Rossanda / Lucio Magri u. a., Der lange Marsch durch die Krise
824 Altvater/Basso/Mattick/Offe u. a., Rahmenbedingungen und Schranken staatlichen Handelns
825 Diskussion der ›Theorie der Avantgarde‹. Herausgegeben von W. Martin Lüdke
827 Gesellschaft, Beiträge zur Marxschen Theorie 7
828 Rolf Knieper, Weltmarkt, Wirtschaftsrecht und Nationalstaat
830 Manuela du Bois-Reymond, Verkehrsformen zwischen Elternhaus und Schule
832 Herbert Claas, Die politische Ästhetik Bertolt Brechts vom Baal zum Caesar
833 Peter Weiss, Dramen I
834 Friedensanalysen 2
835-838 Bertolt Brecht, Gedichte in 4 Bänden
839 Géza Róheim, Psychoanalyse und Anthropologie
840 Aus der Zeit der Verzweiflung. Beiträge von Becker/Bovenschen/Brackert u. a.
841 Fernando H. Cardoso/Enzo Faletto, Abhängigkeit und Entwicklung in Lateinamerika
842 Alexander Herzen, Die gescheiterte Revolution
845 Ror Wolf, Die Gefährlichkeit der großen Ebene
847 Friedensanalysen 3
848 Dieter Wellershoff, Die Auflösung des Kunstbegriffs
849 Samuel Beckett, Glückliche Tage
850 Basil Bernstein, Beiträge zu einer Theorie
851 Hobsbawm/Napolitano, Auf dem Weg zum ›historischen Kompromiß‹
852 Über Max Frisch II
853 Brecht-Jahrbuch 1976
854 Julius Fučík, Reportage unter dem Strang geschrieben
856 Dieter Senghaas, Weltwirtschaftsordnung und Entwicklung
858 Silvio Blatter, Genormte Tage, verschüttete Zeit
861 Blanke/Offe/Ronge u.a., Bürgerlicher Staat und politische Legitimation. Herausgegeben von Rolf Ebbighausen
863 Gesellschaft, Beiträge zur Marxschen Theorie 8/9
864 Über Wolfgang Koeppen. Herausgegeben von Ulrich Greiner
868 Brede/Dietrich/Kohaupt, Politische Ökonomie des Bodens
871 Friedensanalysen 4
873 Produktion, Arbeit, Sozialisation. Herausgegeben von Th. Leithäuser und W. R. Heinz
874 Max Frisch/Hartmut von Hentig, Zwei Reden zum Friedenspreis des Deutschen Buchhandels 1976
883 Erwin Piscator, Theater der Auseinandersetzung
885 Hans Dieter Zimmermann, Vom Nutzen der Literatur
887 Über Hans Mayer, Herausgegeben von Inge Jens
891 Friedensanalysen 5

Alphabetisches Verzeichnis der edition suhrkamp

Abendroth, Sozialgesch. d. europ. Arbeiterbewegung 106
Abendroth, Ein Leben 820
Achternbusch, L'Etat c'est moi 551
Adam, Südafrika 343
Adorno, Drei Studien zu Hegel 38
Adorno, Eingriffe 10
adorno, Kritik 469
Adorno, Jargon d. Eigentlichkeit 91
Adorno, Moments musicaux 54
Adorno, Ohne Leitbild 201
Adorno, Stichworte 347
Adorno, Zur Metakritik der Erkenntnistheorie 590
Adorno, Gesellschaftstheorie u. Kultur 772
Aggression und Anpassung 282
Alff, Der Begriff Faschismus 456
Alff, Materialien zum Konfinuitätsproblem 714
Althusser, Für Marx 737
Altvater/Basso/Mattick/Offe u. a., Rahmenbedingungen 824
Andersch, Die Blindheit des Kunstwerks 133
Antworten auf H. Marcuse 263
Architektur als Ideologie 243
Architektur u. Kapitalverwertung 638
Über H. C. Artmann 541
Arzt u. Patient in der Industriegesellschaft, hrsg. v. O. Döhner 643
Aspekte der Marxschen Theorie I 632
Aspekte der Marxschen Theorie II 633
Augstein, Meinungen 214
Aus der Zeit der Verzweiflung 840
Autonomie der Kunst 592
Autorenkollektiv Textinterpretation ..., Projektarbeit als Lernprozeß 675
Baran/Sweezy, Monopolkapital [in Amerika] 636
Barthes, Mythen des Alltags 92
Barthes, Kritik und Wahrheit 218
Basaglia, F., Die abweichende Mehrheit 537
Basaglia, F. (Hrsg.), Die negierte Institution 655
Basaglia, F. (Hrsg.), Was ist Psychiatrie? 708
Basso, L., Gesellschaftsformation u. Staatsform 720
Baudelaire, Tableaux Parisiens 34
Becker, E. / Jungblut, Strategien der Bildungsproduktion 556
Becker, H., Bildungsforschung 483
Becker, J., Felder 61
Becker, J., Ränder 351
Becker, J., Umgebungen 722
Über Jürgen Becker 552
Beckett, Aus einem aufgegeb. Werk 145
Beckett, Fin de partie / Endspiel 96
Materialien zum ›Endspiel‹ 286
Beckett, Das letzte Band 389
Beckett, Warten auf Godot 3
Beckett, Glückliche Tage 849
Beiträge zur marxist. Erkenntnistheorie 349
Benjamin, Das Kunstwerk 28
Benjamin, Über Kinder 391
Benjamin, Kritik der Gewalt 103
Benjamin, Städtebilder 17
Benjamin, Versuche über Brecht 172
Berger, Untersuchungsmethode u. soziale Wirklichkeit 712
Bergman, Wilde Erdbeeren 79
Bernhard, Amras 142
Bernhard, Fest für Boris 440
Bernhard, Prosa 213
Bernhard, Ungenach 279
Bernhard, Watten 353
Über Thomas Bernhard 401
Bernstein, Beiträge zu einer Theorie 850
Bertaux, Hölderlin u. d. Französ. Revol. 344
Berufsbildungsreform, hrsg. v. C. Offe 761
Blatter, Genormte Tage 858
Blanke u. a., Bürgerlicher Staat 861
Bloch, Avicenna 22
Bloch, Ästhetik des Vor-Scheins I 726
Bloch, Ästhetik des Vor-Scheins II 732
Bloch, Das antizipierende Bewußtsein 585
Bloch, Christian Thomasius 193
Bloch, Durch die Wüste 74
Bloch, Über Hegel 413
Bloch, Pädagogica 455
Bloch, Tübinger Einleitung in die Philosophie I 11
Bloch, Tübinger Einleitung in die Philosophie II 58
Bloch, Über Karl Marx 291
Bloch, Vom Hasard zur Katastrophe 534
Bloch, Widerstand und Friede 257
Block, Ausgewählte Aufsätze 71
Blumenberg, Kopernikan. Wende 138
Böhme, Soz.- u. Wirtschaftsgesch. 253
Bock, Geschichte des ›linken Radikalismus‹ in Deutschland 645
Boer, Lodewijk de, The Family 760
Böckelmann, Theorie der Massenkommunikation 658
du Bois-Reymond, B. Söll, Neuköllner Schul-

buch, 2 Bände 681
du Bois-Reymond, M., Strategien kompensator. Erziehung 507
du Bois-Reymond, Verkehrsformen 830
Bond, Gerettet / Hochzeit d. Papstes 461
Brackert, Bauernkrieg 782
Brandt u. a., Zur Frauenfrage im Kapitalismus 581
Brandys, Granada 167
Braun, Gedichte 397
Braun, Es genügt nicht die einfache Wahrheit 799
Brecht, Antigone / Materialien 134
Brecht, Arturo Ui 144
Brecht, Ausgewählte Gedichte 86
Brecht, Baal 170
Brecht, Baal der asoziale 248
Brecht, Brotladen 339
Brecht, Das Verhör des Lukullus 740
Brecht, Der gute Mensch v. Sezuan 73
Materialien zu ›Der gute Mensch . . .‹ 247
Brecht, Der Tui-Roman 603
Brecht, Die Dreigroschenoper 229
Brecht, Die heilige Johanna der Schlachthöfe 113
Brecht, Die heilige Johanna / Fragmente und Varianten 427
Brecht, Die Maßnahme 415
Brecht, Die Tage der Commune 169
Brecht, Furcht u. Elend d. 3. Reiches 392
Brecht, Gedichte u. Lieder aus Stücken 9
Brecht, Herr Puntila 105
Brecht, Im Dickicht der Städte 246
Brecht, Jasager – Neinsager 171
Brecht, Die Geschäfte des Julius Cäsar 332
Brecht, Kaukasischer Kreidekreis 31
Materialien zum ›Kreidekreis‹ 155
Brecht, Kuhle Wampe 362
Brecht, Leben des Galilei 1
Materialien zu ›Leben des Galilei‹ 44
Brecht, Leben Eduards II. 245
Brecht, Stadt Mahagonny 21
Brecht, Mann ist Mann 259
Brecht, Mutter Courage 49
Materialien zu ›Mutter Courage‹ 50
Materialien zu ›Die Mutter‹ 305
Brecht, Die Mutter (Regiebuch) 517
Brecht, Über Realismus 485
Brecht, Über d. Beruf d. Schauspielers 384
Brecht, Schweyk im zweiten Weltkrieg 132
Materialien zu ›Schweyk im zweit. Weltkrieg‹ 604
Brecht, Die Gesichter der Simone Machard 369
Brecht, Über Politik und Kunst 442
Brecht, Über experiment. Theater 377
Brecht, Trommeln in der Nacht 490
Brecht, Über Lyrik 70
Brecht, Gedichte in 4 Bänden 835-38
Brecht-Jahrbuch 1974 758
Brecht-Jahrbuch 1975 797
Brecht-Jahrbuch 1976 873
Brecht, Drei Lehrstücke 817
Brecht im Gespräch, hrsg. von Werner Hecht 771
Brechts Modell der Lehrstücke, hrsg. von Rainer Steinweg
Brede u. a., Determinanten d. Wohnungsversorgung 745
Brede u. a., Politische Ökonomie d. Bodens 868
Bredekamp, Kunst als Medium sozialer Konflikte 763
Materialien zu H. Brochs ›Die Schlafwandler‹ 571
Brooks, Paradoxie im Gedicht 124
Brus, Funktionsprobleme d. sozialist. Wirtschaft 472
Brus, W., Sozialistisches Eigentum 801
Bubner, Dialektik u. Wissenschaft 597
Bürger, Die französ. Frühaufklärung 525
Bürger, Theorie der Avantgarde 727
Bulthaup, Zur gesellschaftl. Funktion der Naturwissenschaften 670
Burke, Dichtung als symbol. Handlung 153
Burke, Rhetorik in Hitlers ›Mein Kampf‹ 231
Busch, Die multinationalen Konzerne 741
Cardoso/Faletto, Abhängigkeit 841
Caspar D. Friedrich u. d. dt. Nachwelt, hrsg. v. W. Hofmann 777
Celan, Ausgewählte Gedichte 262
Über Paul Celan 495
Chasseguet-Smirgel (Hrsg), Psychoanalyse der weiblichen Sexualität 697
Chomsky, Aus Staatsraison 736
Claas, Die politische Ästhetik 832
Clemenz, Gesellschaftl. Ursprünge des Faschismus 550
Cooper, Psychiatrie u. Anti-Psychiatrie 497
Córdova/Michelena, Lateinamerika 311
Creeley, Gedichte 227
Dallemagne, Die Grenzen der Wirtschaftspolitik 730
Damus, Entscheidungsstrukturen in der DDR-Wirtschaft 649
Deleuze/Guattari, Kafka 807
Determinanten der westdeutschen Restauration 1945-1949 575
Deutsche und Juden 196
Dobb, Organis. Kapitalismus 166
Döbert, R./Nunner-Winkler, G,. Adoleszenzkrise und Identitätsbildung 794
Dorst, Eiszeit 610
Dorst, Toller 294

Über Tankred Dorst (Werkbuch) 713
Drechsel u. a., Massenzeichenware 501
Doras, Ganze Tage in den Bäumen 80
Duras, Hiroshima mon amour 26
Eckensberger, Sozialisationsbedingungen d. öffentl. Erziehung 466
Eich, Abgelegene Gehöfte 288
Eich, Botschaften des Regens 48
Eich, Mädchen aus Viterbo 60
Eich, Setúbal / Lazertis 5
Eich, Marionettenspiele / Unter Wasser 89
Über Günter Eich 402
Eichenbaum, Theorie u. Gesch. d. Literatur 119
Eisner, Sozialismus als Aktion 773
Eliot, Die Cocktail Party 98
Eliot, Der Familientag 152
Eliot, Mord im Dom 8
Eliot, Was ist ein Klassiker? 33
Entstalinisierung in der Sowjetunion 609
Enzensberger, Blindenschrift 217
Enzensberger, Deutschland 203
Enzensberger, Einzelheiten I 63
Enzensberger, Einzelheiten II 87
Enzensberger, Landessprache 304
Enzensberger, Das Verhör von Habana 553
Enzensberger, Palaver 696
Enzensberger, Der Weg ins Freie 759
Über H. M. Enzensberger 403
Erkenntnistheorie, marxist. Beiträge 349
Eschenburg, Über Autorität 129
Euchner, Egoismus und Gemeinwohl 614
Expressionismusdebatte, hrsg. von H. J. Schmitt 646
Fassbinder, Antiteater 443
Fassbinder, Antiteater 2 560
Fassbinder, Stücke 3 803
Fleischer, Marxismus und Geschichte 323
Materialien zu M. F. Fleißer 594
Foucault, Psychologie u. Geisteskrankheit 272
Frauenarbeit – Frauenbefreiung, hrsg. v. A. Schwarzer 637
Frauenfrage im Kapitalismus 581
Frerichs/Kraiker, Konstitutionsbedingungen 685
Friedensanalysen 1 784
Friedensanalysen 2 834
Friedensanalysen 3 847
Friedensanalysen 4 871
Friedensanalysen 5 891
Frisch, Ausgewählte Prosa 36
Frisch, Biedermann u. d. Brandstifter 41
Frisch, Die chinesische Mauer 65
Frisch, Don Juan oder Die Liebe zur Geometrie 4
Frisch, Frühe Stücke. Santa Cruz / Nun singen sie wieder 154
Frisch, Graf Öderland 32
Frisch, Öffentlichkeit 209
Frisch, Zürich – Transit 161
Frisch/Hentig, Zwei Reden 874
Über Max Frisch 404
Über Max Frisch II 852
Fritzsche, Politische Romantik 778
Fromm, Sozialpsychologie 425
Fučík, Reportage unter dem Strang geschrieben 854
Fuegi/Grimm/Hermand (Hrsg.), Brecht-Jahrbuch 1974 758
Gastarbeiter 539
Gefesselte Jugend / Fürsorgeerziehung 514
Geiss, Geschichte u. Geschichtswissenschaft 569
Germanistik 204
Gesellschaft, Beiträge zur Marxschen Theorie I 695
Gesellschaft, Beiträge zur Marxschen Theorie II 731
Gesellschaft, Beiträge zur Marxschen Theorie III 739
Gesellschaft, Beiträge zur Marxschen Theorie IV 764
Gesellschaft, Beiträge zur Marxschen Theorie V 787
Gesellschaft, Beiträge zur Marxschen Theorie VI 806
Gesellschaft, Beiträge zur Marxschen Theorie VII 827
Gesellschaft, Beiträge zur Marxschen Theorie VIII/IX 863
Gesellschaftsstrukturen, hrsg. v. O. Negt u. K. Meschkat 589
Gespräche mit Ernst Bloch, Hrsg. von Rainer Traub und Harald Wieser 798
Goeschel/Heyer/Schmidbauer, Soziologie der Polizei I 380
Goffman, Asyle 678
Goldscheid/Schumpeter, Finanzkrise 698
Grass, Hochwasser 40
Gröll, Erziehung 802
Guattari, Psychotherapie 768
Guérin, Anarchismus 240
Haavikko, Jahre 115
Habermas, Logik d. Sozialwissenschft. 481
Habermas, Protestbewegung u. Hochschulreform 354
Habermas, Technik u. Wissenschaft als Ideologie 287
Habermas, Legitimationsprobleme im Spätkapitalismus 623
Hacks, Das Poetische 544
Hacks, Stücke nach Stücken 122
Hacks, Zwei Bearbeitungen 47

Handke, Die Innenwelt 307
Handke, Kaspar 322
Handke, Publikumsbeschimpfung 177
Handke, Wind und Meer 431
Handke, Ritt über den Bodensee 509
Über Peter Handke 518
Hannover, Rosa Luxemburg 233
Hartig/Kurz, Sprache als soz. Kontrolle 543
Haug, Kritik d. Warenästhetik 513
Haug, Bestimmte Negation 607
Haug, Warenästhetik. Beiträge zur Diskussion 657
Hecht, Sieben Studien über Brecht 570
Hegel im Kontext 510
Hegels Philosophie 441
Heinemann, Präsidiale Reden 790
Heinsohn/Knieper, Theorie d. Familienrechts 747
Heinsohn/Knieper, Spielpädagogik 809
Heller, E., Nietzsche 67
Heller, E., Studien zur modernen Literatur 42
Hennicke (Hrsg.), Probleme d. Sozialismus i. d. Übergangsgesellschaften 640
Hennig, Thesen z. dt. Sozial- u. Wirtschaftsgeschichte 662
Henrich, Hegel im Kontext 510
Herbert, Ein Barbar 2 365
Herbert, Gedichte 88
Hermand, J., Von deutscher Republik 793
Herzen, Die gescheiterte Revolution 842
Hesse, Geheimnisse 52
Hesse, Tractat vom Steppenwolf 84
Hildesheimer, Das Opfer Helena / Monolog 118
Hildesheimer, Interpretationen zu Joyce u. Büchner 297
Hildesheimer, Mozart / Beckett 190
Hildesheimer, Nachtstück 23
Hildesheimer, Herrn Walsers Raben 77
Über Wolfgang Hildesheimer 488
Hirsch, Wiss.-techn. Fortschritt i. d. BRD 437
Hirsch/Leibfried, Wissenschafts- u. Bildungspolitik 480
Hirsch, Staatsapparat u. Reprod. des Kapitals 704
Hobsbawm, Industrie und Empire I 315
Hobsbawm, Industrie und Empire II 316
Hobsbawm, Auf dem Weg zum ›historischen‹ Kompromiß 851
Hochmann, Thesen zu einer Gemeindepsychiatrie 618
Hoffmann-Axthelm, Theorie der künstler. Arbeit 682
Hoffmann, HV. 6Hrsg.), Perspektiven kommunaler Kulturpolitik 718
Hofmann, Universität, Ideologie u. Gesellschaft 261
Hondrich, Theorie der Herrschaft 599
Horn, Dressur oder Erziehung 199
Horn u. a., Gewaltverhältnisse u. d. Ohnmacht d. Kritik 775
Horn (Hrsg.), Gruppendynamik u. ›subjekt. Faktor‹ 538
Hortleder, Gesellschaftsbild d. Ingenieurs 394
Hortleder, Ingenieure in der Industriegesellschaft 663
Horvat, B., Die jugoslaw. Gesellschaft 561
(Horváth) Materialien zu Ödön v. H. 436
Materialien zu H., ›Geschichten aus dem Wienerwald‹ 533
Materialien zu H., ›Glaube Liebe Hoffnung‹ 671
Materialien zu H., ›Kasimir und Karoline‹ 611
Über Ödön v. Horváth 584
Hrabal, Tanzstunden 126
Hrabal, Zuglauf überwacht 256
(Huchel) Über Peter Huchel 647
Huffschmid, Politik des Kapitals 313
Imperialismus und strukturelle Gewalt, hrsg. von D. Senghaas 563
Information über Psychoanalyse 648
Internat. Beziehungen, Probleme der 593
Jaeggi, Literatur und Politik 522
Jahoda u. a., Die Arbeitslosen v. Marienthal 769
Jakobson, Kindersprache 330
Jauß, Literaturgeschichte 418
Johnson, Das dritte Buch über Achim 100
Johnson, Karsch 59
Über Uwe Johnson 405
(Joyce, J.) Materialien zu J., ›Dubliner‹ 357
Joyce, St., Dubliner Tagebuch 216
Jugendkriminalität 325
Kalivoda, Marxismus 373
Kapitalismus, Peripherer, hrsg. von D. Senghaas 652
Kasack, Das unbekannte Ziel 35
Kaschnitz, Beschreibung eines Dorfes 188
Kino, Theorie des 557
Kipphardt, Hund des Generals 14
Kipphardt, Joel Brand 139
Kipphardt, In Sachen Oppenheimer 64
Kipphardt, Die Soldaten 273
Kipphardt, Stücke I 659
Kipphardt, Stücke II 677
Kirche und Klassenbindung, hrsg. v. Y. Spiegel 709
Kirchheimer, Politik und Verfassung 95
Kirchheimer, Funktionen des Staates u. d. Verfassung 548
Kirchheimer, Von der Weimarer Demokratie 821
Klöckner, Anna 791

Kluge/Negt, Öffentlichkeit und Erfahrung 639
Kluge, Lernprozesse mit tödlichem Ausgang 665
Kluge, Gelegenheitsarbeit einer Sklavin 733
Knieper, Weltmarkt 828
Kommune i. d. Staatsorganisation 680
Über Wolfgang Koeppen 864
Kraiker/Frerichs, Konstitutionsbedingungen 685
Kritische Friedenserziehung 661
Kritische Friedensforschung 478
Kroetz, Drei Stücke 473
Kroetz, Oberösterreich u. a. 707
Kroetz, Vier Stücke 586
Krolow, Ausgewählte Gedichte 24
Krolow, Landschaften für mich 146
Krolow, Schattengefecht 78
Über Karl Krolow 527
Kropotkin, Ideale und Wirklichkeit 762
Kühn, Ausflüge im Fesselballon 656
Kühn, Goldberg-Variationen 795
Kühn, Grenzen des Widerstands 531
Kühn, Unternehmen Rammbock 683
Kühnl/Rilling/Sager, Die NPD 318
Kulturpolitik, Kommunale 718
Kunst, Autonomie der 592
Laermann, u.a., Reise und Utopie 766
Laing, Phänomenologie der Erfahrung 314
Laing/Cooper, Vernunft und Gewalt 574
Laing/Phillipson/Lee, Interpers. Wahrnehmung 499
Landauer, Erkenntnis und Befreiung 818
Lefebvre, H., Marxismus heute 99
Lefebvre, H., Dialekt. Materialismus 160
Lefebvre, H., Metaphilosophie 734
Lehrlingsprotokolle 511
Lehrstück Lukács, hrsg. v. I. Matzur 554
Leithäuser/Heinz, Produktion, Arbeit, Sozialisation 873
Lempert, Berufliche Bildung 699
Lenhardt, Berufliche Weiterbildung 744
Lévi-Strauss, Ende d. Totemismus 128
Liberman, Methoden d. Wirtschaftslenkung im Sozialismus 688
Linhartová, Geschichten 141
Literaturunterricht, Reform 672
Lippe, Bürgerliche Subjektivität 749
Literatur und Literaturtheorie, hrsg. von Hohendahl u. P. Herminghouse 779
Lorenz, Sozialgeschichte der Sowjetunion 1 654
Lorenzer, Kritik d. psychoanalyt. Symbolbegriffs 393
Lorenzer, Gegenstand der Psychoanalyse 572
Lotman, Struktur d. künstler. Textes 582
Lukács, Heller, Márkus u. a., Individuum und Praxis 545
Lyon, Bertolt Brecht und Rudyard Kipling 804
Majakowskij, Wie macht man Verse? 62
Malkowski, Was für ein Morgen 792
Mandel, Marxist. Wirtschaftstheorie, 2 Bände 595/96
Mandel, Der Spätkapitalismus 521
Marcuse, Versuch über die Befreiung 329
Marcuse, H., Konterrevolution u. Revolte 591
Marcuse, Kultur u. Gesellschaft I 101
Marcuse, Kultur u. Gesellschaft II 135
Marcuse, Theorie der Gesellschaft 300
Marcuse, Zeit-Messungen 770
Marx, Die Ethnologischen Exzerpthefte 800
Marxist. Rechtstheorie, Probleme der 729
Marxsche Theorie, Aspekte, I 632
Marxsche Theorie, Aspekte, II 633
Massing, Polit. Soziologie 724
Mattick, Spontaneität und Organisation 735
Mattick, Beiträge zur Kritik des Geldes 723
Matzner, J. (Hrsg.), Lehrstück Lukács 554
Mayer, H., Anmerkungen zu Brecht 143
Mayer, H., Anmerkungen zu Wagner 189
Mayer, H., Das Geschehen u. d. Schweigen 342
Mayer, H., Repräsentant u. Märtyrer 463
Mayer, H., Über Peter Huchel 647
Über Hans Mayer 887
Meier, Begriff ›Demokratie‹ 387
Meschkat/Negt, Gesellschaftsstrukturen 589
Michel, Sprachlose Intelligenz 270
Michels, Polit. Widerstand in den USA 719
Mitbestimmung, Kritik der 358
Mitscherlich, Krankheit als Konflikt I 164
Mitscherlich, Krankheit als Konflikt II 237
Mitscherlich, Unwirtlichkeit unserer Städte 123
Mitscherlich, Freiheit und Unfreiheit i. d. Krankheit 505
Mittelstraß, J. (Hrsg.) Methodologische Probleme 742
Monopol und Staat, hrsg. v. R. Ebbinghausen 674
Moral und Gesellschaft 290
Moser, Repress. Krim.psychiatrie 419
Moser/Künzel, Gespräche mit Eingeschlossenen 375
Most, Kapital und Arbeit 587
Münchner Räterepublik 178
Mukařovský, Ästhetik 428
Mukařovský, Poetik 230
Napoleoni, Ökonom. Theorien 244
Napoleoni, Ricardo und Marx, hrsg. von Cristina Pennavaja 702
Negt/Kluge, Öffentlichkeit u. Erfahrung 639

Negt/Meschkat, Gesellschaftsstrukturen 589
Negt, Keine Demokratie 812
Neues Hörspiel O-Ton, hrsg. von K. Schöning 705
Neumann-Schönwetter, Psychosexuelle Entwicklung 627
Nossack, Das Mal u. a. Erzählungen 97
Nossack, Das Testament 117
Nossack, Der Neugierige 45
Nossack, Der Untergang 19
Nossack, Pseudoautobiograph. Glossen 445
Über Hans Erich Nossack 406
Nyssen (Hrsg.), Polytechnik in der BRD? 573
Obaldia, Wind in den Zweigen 159
v. Oertzen, Die soz. Funktion des staatsrechtl. Positivismus 660
Oevermann, Sprache und soz. Herkunft 519
Offe, Strukturprobleme d. kapitalist. Staates 549
Offe, Berufsbildungsreform 761
Olson, Gedichte 112
Ostaijen, Grotesken 202
Parker, Meine Sprache bin ich 728
Peripherer Kapitalismus, hrsg. von D. Senghaas 652
Perspektiven der kommunalen Kulturpolitik, hrsg. v. H. Hoffmann 718
Piscator, Theater der Auseinandersetzung 883
Piton, Anders leben 767
Pozzoli, Rosa Luxemburg 710
Preuß, Legalität und Pluralismus 626
Price, Ein langes glückl. Leben 120
Probleme d. intern. Beziehungen 593
Probleme d. marxist. Rechtstheorie 729
Probleme d. Sozialismus u. der Übergangsgesellschaften 640
Probleme einer materialist. Staatstheorie, hrsg. v. J. Hirsch 617
Projektarbeit als Lernprozeß 675
Prokop, Massenkultur u. Spontaneität 679
Prokop U., Weiblicher Lebenszusammenhang 808
Pross, Bildungschancen v. Mädchen 319
Prüß, Kernforschungspolitik i. d. BRD 715
Psychiatrie, Was ist . . . 708
Psychoanalyse als Sozialwissensch. 454
Psychoanalyse, Information über 648
Psychoanalyse d. weibl. Sexualität 697
Queneau, Mein Freund Pierrot 76
Rajewsky, Arbeitskampfrecht 361
Reform d. Literaturunterrichts, hrsg. v. H. Brackert / W. Raitz 672
Reichert/Senn, Materialien zu Joyce ›Ein Porträt d. Künstlers‹ 776
Restauration, Determinanten d. westdt. R. 575
Ritsert (Hrsg.), Zur Wissenschaftslogik 754
Ritter, Hegel u. d. Französ. Revolution 114
Ritter-Röhr, D. (Hrsg.) Der Arzt, sein Patient und die Gesellschaft 746
Rocker, Aus d. Memoiren eines dt. Anarchisten 711
Róheim, Psychoanalyse und Anthropologie 839
Rolshausen, Wissenschaft 703
Rossanda, Über Dialektik v. Kontinuität u. Bruch 687
Rossanda/Magri, Der lange Marsch 823
Rottleuthner (Hrsg.), Probleme d. marxist. Rechtstheorie 729
Runge, Bottroper Protokolle 271
Runge, Frauen 359
Runge, Reise nach Rostock 479
Rüpke, Schwangerschaftsabbruch 815
Russell, Probleme d. Philosophie 207
Russell, Wege zur Freiheit 447
Sachs, Das Leiden Israels 51
Sandkühler, Praxis u. Geschichtsbewußtsein 529
Sarraute, Schweigen / Lüge 299
Schäfer/Edelstein/Becker, Probleme d. Schule (Beispiel Odenwaldschule) 496
Schäfer/Nedelmann, CDU-Staat 370
Schedler, Kindertheater 520
Scheugl/Schmidt jr., Eine Subgeschichte d. Films, 2 Bände 471
Schklowskij, Schriften zum Film 174
Schklowskij, Zoo 130
Schlaffer, Der Bürger als Held 624
Schlaffer, Studien zum ästhetischen Historismus 756
Schmidt, Ordnungsfaktor 487
Schmitt, Expressionismus-Debatte 646
Schneider/Kuda, Arbeiterräte 296
Schnurre, Kassiber / Neue Gedichte 94
Scholem, Judentum 414
Schram, Die perman. Revolution i. China 151
Schütze, Rekonstrukt. d. Freiheit 298
Schule und Staat im 18. u. 19. Jh., hrsg. v. K. Hartmann, F. Nyssen, H. Waldeyer 694
Schwarzer (Hrsg.), Frauenarbeit – Frauenbefreiung 637
Sechehaye, Tagebuch einer Schizophrenen 613
Segmente der Unterhaltungsindustrie 651
Senghaas, Rüstung und Materialismus 498
Senghaas, Weltwirtschaftsordnung 856
Setzer, Wahlsystem in england 664
Shaw, Caesar und Cleopatra 102
Shaw, Der Katechismus d. Umstürzlers 75
Söll/du Bois-Reymond, Neuköllner Schulbuch, 2 Bände 681
Sohn-Rethel, Geistige u. körperl. Arbeit 555
Sohn-Rethel, Ökonomie u. Klassenstruktur d.

dt. Faschismus 630
Sozialistische Realismuskonzeptionen 701
Spazier/Bopp, Grenzübergänge. Psychotherapie 738
Spiegel (Hrsg.), Kirche u. Klassenbindung 709
Sraffa, Warenproduktion 780
Sternberger, Bürger 224
Straschek, Handbuch wider das Kino 446
Streik, Theorie und Praxis 385
Strindberg, Ein Traumspiel 25
Struck, Klassenliebe 629
Sweezy, Theorie d. kapitalist. Entwicklung 433
Sweezy/Huberman, Sozialismus in Kuba 426
Szondi, Über eine freie Universität 620
Szondi, Hölderlin-Studien 379
Szondi, Theorie d. mod. Dramas 27
Tardieu, Imaginäres Museum 131
Technologie und Kapital 598
Teige, Liquidierung der ›Kunst‹ 278
Tibi, Militär u. Sozialismus i. d. Dritten Welt 631
Tiedemann, Studien z. Philosophie Walter Benjamins 644
›Theorie der Avantgarde‹ hrsg. v. W. Martin Lüdke 825
Tohidipur (Hrsg.), Verfassung 822
Toleranz, Kritik der reinen 181
Toulmin, Voraussicht u. Verstehen 292
Tumler, Nachprüfung eines Abschieds 57
Tynjanov, Literar. Kunstmittel 197
Ueding, Glanzvolles Elend. Versuch über Kitsch u. Kolportage 622
Unterhaltungsindustrie, Segmente der 651
Uspenskij, Poetik der Komposition 673
Vossler, Revolution von 1848 210
Vyskočil, Knochen 211
Walser, Abstecher / Zimmerschlacht 205
Walser, Heimatkunde 269
Walser, Der Schwarze Schwan 90
Walser, Die Gallistl'sche Krankheit 689
Walser, Eiche und Angora 16
Walser, Ein Flugzeug über d. Haus 30
Walser, Kinderspiel 400
Walser, Leseerfahrungen 109
Walser, Lügengeschichten 81
Walser, Überlebensgroß Herr Krott 55
Walser, Wie u. wovon handelt Literatur 642
Über Martin Walser 407
Was ist Psychiatrie?, hrsg. v. F. Basaglia 708
Weber, Über d. Ungleichheit d. Bildungschancen in der BRD 601
Wehler, Geschichte als Histor. Sozialwissenschaft 650
Weiss, Abschied von den Eltern 85
Weiss, Dramen I 833
Weiss, Fluchtpunkt 125
Weiss, Gesang v. Lusitanischen Popanz 700
Weiss, Gespräch d. drei Gehenden 7
Weiss, Jean Paul Marat 68
Materialien zu ›Marat/Sade‹ 232
Weiss, Rapporte 2 444
Weiss, Schatten des Körpers 53
Über Peter Weiss 408
Wellek, Konfrontationen 82
Wellershoff, Die Auflösung des Kunstbegriffs 848
Wellmer, Gesellschaftstheorie 335
Wesker, Die Freunde 420
Wesker, Die Küche 542
Wesker, Trilogie 215
Winckler, Studie z. gesellsch. Funktion faschist. Sprache 417
Winckler, Kulturwarenproduktion / Aufsätze z. Literatur- u. Sprachsoziologie 628
Wirth, Kapitalismustheorie in der DDR 562
Witte (Hrsg.), Theorie des Kinos 557
Wittgenstein, Tractatus 12
Wolf, Danke schön 331
Wolf, Fortsetzung des Berichts 378
Wolf, mein Famili 512
Wolf, Pilzer und Pelzer 234
Wolf, Auf der Suche nach Doktor Q. 811
Wolf, Die Gefährlichkeit 845
Über Ror Wolf 559
Wolff/Moore/Marcuse, Kritik d. reinen Toleranz 181
Zimmermann, Vom Nutzen der Literatur 885
Zoll, Der Doppelcharakter der Gewerkschaften 816